Sistemi informativi gestionali

Shraddha N. Zanjat
Vishwajit K. Barbudhe

Sistemi informativi gestionali

ScienciaScripts

This book is a translation from the original published under ISBN 978-620-7-46614-6.

Publisher:
Sciencia Scripts
is a trademark of
Dodo Books Indian Ocean Ltd. and OmniScriptum S.R.L publishing group

120 High Road, East Finchley, London, N2 9ED, United Kingdom
Str. Armeneasca 28/1, office 1, Chisinau MD-2012, Republic of Moldova, Europe

ISBN: 978-620-7-28313-2

Indice dei contenuti

Riferimenti
"Sistemi informativi gestionali: Managing the Digital Firm" di Kenneth C. Laudon e Jane P. Laudon (Editore: Pearson).

"Tecnologia dell'informazione per il management: Strategie on-demand per la performance, la crescita e la sostenibilità" di Efraim Turban, Linda Volonino e Gregory R. Wood (Editore: Wiley).

"Essentials of MIS" di Kenneth C. Laudon e Jane P. Laudon (Editore: Pearson)

"Sistemi informativi gestionali: Strategia e azione" di Robert D. Galliers e Dorothy E. Leidner (Editore: Pearson).

"Introduzione ai sistemi informativi: Supporting and Transforming Business" di R. Kelly Rainer Jr., Brad Prince e Casey G. Cegielski (Editore: Wiley).

CAPITOLO 1 : SISTEMI INFORMATIVI
GESTIONALI: UNA PANORAMICA

1.1. INTRODUZIONE

➤ Oggi la necessità di informazioni aggiornate è diventata inevitabile per prendere decisioni efficaci in tutti i settori della vita. Che si tratti di industria, commercio, difesa, banche, istruzione, economia o politica, le informazioni sono necessarie ovunque.

➤ Le informazioni sono vive in quanto devono essere sempre aggiornate e sono rinnovabili.

➤ La crescita esponenziale delle informazioni rende necessaria la raccolta, l'archiviazione e il recupero delle informazioni in vari campi quando necessario.

➤ Per esempio
(a) Nella creazione di una nuova industria, le informazioni relative alla scelta della tecnologia, delle competenze, del denaro e dei materiali diventano un requisito importante per la sua crescita e il suo buon funzionamento.
(b) In un mercato competitivo, prima di decidere il prezzo di un prodotto, il produttore ha bisogno di informazioni sulla politica dei prezzi dei concorrenti, in particolare sui prodotti della concorrenza, sulle tecniche di vendita, ecc.

1.2. SISTEMA INFORMATIVO DI GESTIONE

Il MIS è un sistema integrato uomo-macchina che fornisce informazioni a supporto delle funzioni di pianificazione e controllo dei manager di un'organizzazione.

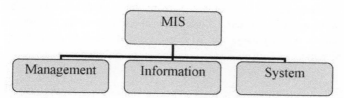

1.2.1. Gestione

➤ Il management è stato visto come una funzione, un processo, una professione e una classe di persone. Si riferisce al tipo di compiti e attività che vengono svolti dai manager. La natura specifica delle attività è determinata da funzioni manageriali quali pianificazione, organizzazione, direzione, leadership e controllo.

1. **Pianificazione:** È il processo che consiste nel decidere in anticipo le linee

d'azione da seguire e quando e come intraprenderle. I suoi obiettivi nel miglior modo possibile e per anticipare le opportunità e i problemi futuri.

2. **Organizzazione:** È il raggruppamento formale di persone e attività per facilitare il raggiungimento degli obiettivi dell'azienda. È necessario assegnare responsabilità, mansioni e gerarchie tra il personale.
3. **Controllo:** È il controllo dell'avanzamento dei piani e la correzione di eventuali deviazioni che si verificano lungo il percorso.
4. **Direzione:** È il processo di attivazione dei piani, della struttura e degli sforzi del gruppo nella direzione desiderata. È necessaria per l'attuazione dei piani, fornendo la motivazione della leadership desiderata e una comunicazione adeguata.

➢ **La gestione può essere raggruppata in 3 livelli gerarchici**
   • Direzione superiore o strategica
   • Gestione intermedia o tattica
   • Gestione junior o operativa

Top Management: - Stabilisce le politiche, i piani, gli obiettivi e il quadro di bilancio in base al quale operano i vari dipartimenti dell'organizzazione.

Middle Management: - Ha la responsabilità di attuare le politiche e i piani generali del top management.

Junior Management: ha la responsabilità di implementare le operazioni quotidiane e le decisioni del middle management per produrre beni e servizi al fine di raggiungere i ricavi, i profitti e altri obiettivi.

1.2.2. Informazioni

➢ L'informazione è il risultato o il prodotto dell'elaborazione dei dati. L'informazione può essere definita come un dato organizzato e presentato in un momento e in un luogo tali da consentire al decisore di prendere le misure necessarie.

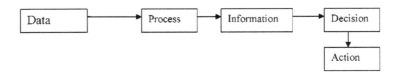

Figura: Conversione dei dati in decisioni

➢ Le informazioni sono costituite da dati che sono stati recuperati, elaborati o altrimenti utilizzati, a scopo informativo o inferenziale, per argomentazioni o come base per previsioni.

4

> Ad esempio, alcuni documenti di supporto, registri e così via, che costituiscono il materiale di partenza per il conto economico, possono essere utilizzati dal decisore per la pianificazione e il controllo degli utili.

1.2.3. Sistema

> Un sistema è un gruppo di elementi o componenti uniti per svolgere determinate funzioni.

> Un sistema è composto da sottosistemi. I sistemi sono naturali o creati dall'uomo.

> Un sottosistema che può essere composto da altri sottosistemi. Un sottosistema stesso fa parte di un super-sistema.

> L'esempio fornito è quello di un sistema industriale (o di fabbrica). Ha vari sottosistemi, come il sottosistema di produzione, il sottosistema di marketing, il sottosistema del personale e il sottosistema finanziario.

> Questi sottosistemi sono a loro volta composti da altri sottosistemi.

> Ad esempio, un sottosistema di produzione potrebbe essere composto da sottosistemi di controllo della produzione, controllo dei materiali, controllo della qualità, ecc.

> Il sottosistema dei materiali può essere ulteriormente suddiviso in "scatole nere" quali acquisti, magazzini, trasporti, ispezioni, ecc.

> Questo sistema industriale fa parte del grande sistema economico del Paese, che può essere chiamato super-sistema.

> Questa relazione è mostrata nella figura

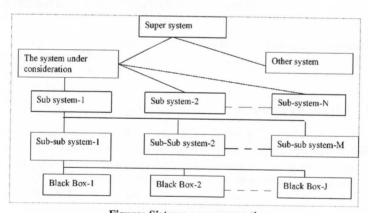

Figura: Sistema e componenti

1.3. DEFINIZIONI DI MIS.

1. Secondo Schwartz, "il MIS è un sistema di persone, attrezzature, procedure, documenti e comunicazioni che raccoglie, convalida, opera su trasformatori,

5

archivia, recupera e presenta dati da utilizzare per la pianificazione, il budgeting, la contabilità, il controlling e altri processi di gestione".

2. Secondo Jerome Kanter, "il MIS è un sistema che aiuta il management a prendere, eseguire e controllare le decisioni".

3. Secondo Davis e Olson, "il MIS è un sistema integrato di macchine per l'utente progettato per fornire informazioni a supporto delle funzioni di controllo operativo, controllo di gestione e processo decisionale di un'organizzazione. I sistemi informativi si avvalgono di risorse quali hardware, software, uomini, procedure e fornitori".

1.4. QUADRO DI RIFERIMENTO PER L'ORGANIZZAZIONE E LA GESTIONE DEL TRIANGOLO DI MIS

Robert Anthony nel 1965 ha suggerito che l'area della pianificazione e del controllo della gestione può essere suddivisa in 3 categorie. Queste sono:

1. Pianificazione strategica.
2. Controllo operativo.
3. Controllo di gestione.

❖**Pianificazione strategica:** Sviluppa la strategia per decidere gli obiettivi dell'organizzazione e introdurre cambiamenti in tali obiettivi, formulando politiche per governare l'approvvigionamento, l'uso e la disposizione di tali risorse.

❖**Controllo di gestione:** È necessario ai manager dei vari dipartimenti per misurare le prestazioni, decidere le azioni di controllo, formulare nuove regole decisionali e allocare le risorse.

❖**Controllo operativo:** È il processo di svolgimento delle attività operative per ottenere un uso ottimale delle risorse. Si avvale di procedure e regole decisionali prestabilite.

1.4.1. Livelli di gestione

Ogni organizzazione è composta da diversi livelli. Questi possono essere classificati in tre categorie: livelli superiori, medi e inferiori (TMJ).

✓ Il top management esegue la pianificazione strategica e gli altri due livelli forniscono supporto sotto forma di informazioni elaborate.

✓ Il livello di middle management esegue la pianificazione e il controllo tattico e ha bisogno di informazioni per svolgere queste funzioni manageriali.

✓ Il livello junior è coinvolto nel controllo operativo quotidiano e necessita di informazioni per il suo funzionamento.

1.5. ESIGENZE DI INFORMAZIONE E LA SUA ECONOMIA

La disponibilità di informazioni per il management a vari livelli è migliorata per tre motivi. Questi sono

1. **Sviluppo delle telecomunicazioni:** Il flusso di informazioni è stato accelerato dagli sviluppi delle tecnologie di comunicazione come la radiotelefonia, la comunicazione a microonde, la comunicazione laser e la comunicazione satellitare.

2. **Elaborazione dei dati con il computer:** L'accessibilità delle informazioni è stata notevolmente

> migliorato, in quanto un computer è in grado di scansionare prontamente i dati memorizzati disponibili per fornire le informazioni richieste.

3. **Tecnologia video:** La tecnologia video permette di registrare le attività su videocassette e

> dischi video.

1.5.1. Classificazione delle informazioni

Le informazioni ottenute e utilizzate nelle organizzazioni possono essere classificate in cinque categorie:

1. **Informazioni sull'azione e informazioni sulla non azione**: L'informazione che giace inosservata è chiamata non azione.

> ma le stesse informazioni, quando vengono elaborate e utilizzate in un certo contesto dal destinatario, sono chiamate informazioni di azione.

2. **Informazioni ricorrenti e non ricorrenti**: Informazioni che vengono generate a intervalli regolari

> intervalli di tempo si chiamano informazioni ricorrenti. Un tipo particolare di informazione che viene ottenuta attraverso un tipo di studio speciale e che aiuta nelle decisioni di gestione è chiamata informazione non ricorrente.

3. **Informazioni documentarie e non documentarie**: Informazioni che sono disponibili in qualche

> Le informazioni documentarie sono quelle che si trovano in forma scritta o su microfilm, nastri magnetici, dischetti, ecc. Tutte le altre informazioni sono classificate come non documentali.

4. **Informazioni interne ed esterne:** La distinzione è ovvia. I manager di diverse

> Le gerarchie dell'organizzazione richiedono diverse combinazioni di informazioni interne ed esterne.

5. **Informazioni storiche e proiezioni future**: Anche in questo caso la distinzione è ovvia perché

> Le informazioni storiche sarebbero inutili se non potessero essere utilizzate per le proiezioni future.

1.6. APPROCCIO DI SISTEMA

➢ L'approccio sistemico a un'organizzazione aziendale implica un approccio globale allo studio delle interrelazioni tra i sottosistemi di un'organizzazione in vista degli obiettivi fissati dall'organizzazione stessa.

➢ Per questo è necessario un approccio integrato che riduca il conflitto tra i diversi sottosistemi e modifichi gli obiettivi di questi ultimi per arrivare a una soluzione ottimale dei problemi che possono sorgere nel raggiungimento degli obiettivi principali o nel funzionamento dell'intero sistema.

➤ Una visione sistemica del business è illustrata nella figura.

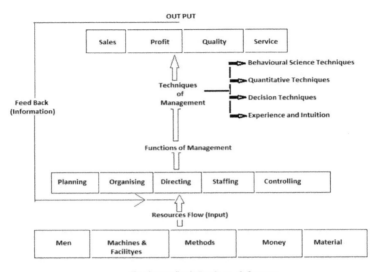

Business Orginisation - A System

1.6.1. Classificazione dei sistemi

I vari tipi di sistemi sono:

Sistemi concettuali ed empirici:

➤ Il sistema concettuale si occupa di strutture teoriche che possono o meno avere una controparte nel mondo reale. Esempi di tali sistemi sono la teoria economica, la teoria delle organizzazioni, il sistema di relatività generale, ecc.

➤ I sistemi empirici sono sistemi operativi concreti costituiti da persone, materiali, macchine, energia e altre cose fisiche. Rientrano in questa categoria anche altri sistemi, come quelli elettrici, termici e chimici.

1. **Sistemi naturali e artificiali**:

Gli esempi di sistemi naturali sono: il corpo umano, il sistema solare, ecc.

Esempi di sistemi creati dall'uomo sono: Sistema di trasporto, sistema di comunicazione, sistema educativo, organizzazione aziendale, ecc.

2. **Sistema sociale**:

Un sistema composto da persone può essere considerato un sistema sociale, come le organizzazioni commerciali, le agenzie governative, i partiti politici, i club sociali, le società professionali, ecc.

8

3. **Sistema uomo-macchina**:
La maggior parte dei sistemi empirici rientra nella categoria dei sistemi uomo-macchina. Uno degli esempi di questo sistema è l'aereo.
4. **Sistemi aperti e chiusi**:
   - Un sistema aperto interagisce continuamente con il suo ambiente. Questo tipo di sistema può adattarsi alle mutevoli condizioni interne e ambientali. Ogni organizzazione sociale e aziendale è aperta perché reagisce con il suo ambiente imprevedibile.
   - Un sistema chiuso è un sistema che non interagisce con l'ambiente. Questo sistema non cambia o, se lo fa, esiste una barriera tra il sistema e l'ambiente che impedisce al sistema di essere influenzato.

1.6.2. Ciclo di vita del sistema

Il ciclo di vita di un sistema informativo gestionale prevede le seguenti quattro fasi:

1. **Fase dello studio**:
Questa fase si occupa di
   1. Identificazione dei problemi
   2. Studio del sistema attuale e della sua efficacia
   3. Identificazione e valutazione di diverse linee d'azione alternative.
   4. Selezione della linea d'azione più appropriata in base all'obiettivo.
2. **Fase di progettazione**:
Questa fase si occupa di
   1. Identificazione della funzione da svolgere
   2. Studio dell'input/output e della progettazione del ciclo di vita
   3. Definizione dei parametri di base della progettazione del sistema.
3. **Fase di sviluppo**:
In questa fase si decide la selezione e l'utilizzo di hardware e software.
4. **Fase di implementazione**
Il sistema ideato viene messo in pratica e adottato per l'uso.

1.7. SIGNIFICATO E OBIETTIVI DI MIS
   - **Significato**
   - Il MIS è un sistema integrato uomo-macchina che raccoglie, conserva, correla e visualizza selettivamente le informazioni in modo coerente e in tempi adeguati, per soddisfare le esigenze specifiche dei vari livelli di gestione, affinché si possano prendere decisioni e intraprendere azioni per raggiungere gli obiettivi di un'organizzazione.
   - In altre parole, è un sistema che:
       i. Fornisce informazioni a supporto della funzione manageriale. (Pianificazione, controllo, organizzazione, gestione).

ii. Raccoglie informazioni in modo sistematico e routinario secondo un insieme di regole ben definite.

iii. Include file, hardware, software e modelli di ricerca operativa per elaborare, memorizzare, recuperare e trasmettere informazioni agli utenti.

> **Obiettivi**

1. **Facilitare:** Il processo decisionale fornendo informazioni in tempi adeguati.

2. **Fornire:** Le informazioni necessarie a ciascun livello di gestione per svolgere le proprie funzioni.

3. **Aiuto:** Nell'evidenziare i fattori critici da tenere sotto stretto controllo per il successo

4. **Supporto:** Supportare il processo decisionale in problemi strutturati e non strutturati.
ambienti.

5. **Fornire:** Fornire un sistema di persone, computer e procedure, documenti interattivi per la raccolta, l'archiviazione, il recupero e la trasmissione di informazioni agli utenti.

1.7.1. Categorie di MIS:

Il MIS può essere suddiviso nelle seguenti quattro categorie:

1. **Sistema di elaborazione delle transazioni (TSP):**
Il sistema progettato per elaborare le transazioni quotidiane di un'organizzazione si chiama TPS. Questo sistema si occupa della raccolta e dell'elaborazione di una grande quantità di dati che aiutano soprattutto i dirigenti di livello inferiore a svolgere le loro mansioni.

2. **Sistema di fornitura di informazioni (IPS):**
Questo sistema è destinato all'elaborazione delle informazioni, al loro riepilogo e alla creazione di rapporti di eccezione. I rapporti di sintesi aiutano a dare un'occhiata alle informazioni disponibili, mentre i rapporti di eccezione indicano le deviazioni e le ragioni delle prestazioni insufficienti.

3. **Sistema di supporto alle decisioni (DSS):**
A volte viene descritto come il passo evolutivo successivo al MIS.
Aiuta a migliorare la capacità analitica del decisore creando un modello interattivo della situazione reale.

4. **Sistema decisionale programmato:**
È definito come un piano per la soluzione automatica di un problema. I programmi sono semplicemente una stringa di istruzioni per svolgere un lavoro o un compito. Nell'era dell'informazione, i sistemi per le decisioni programmate vengono creati in modo che le decisioni siano prese dal sistema piuttosto che da una persona.

1.7.2. MIS e struttura organizzativa:

> La struttura organizzativa e le esigenze informative sono indissolubilmente legate come l'anatomia umana e il sistema nervoso.
> La conoscenza della struttura organizzativa e la corretta registrazione della delega di autorità all'interno dell'organizzazione sono i prerequisiti del MIS.
> Questo aiuta a definire l'autorità e la responsabilità, a delimitare il processo decisionale e a misurare gli obiettivi di ogni sottosistema.
> Lo schema del MIS per qualsiasi organizzazione è mostrato in figura.

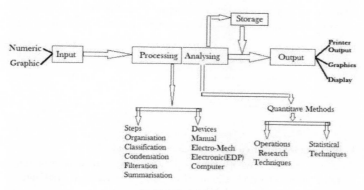

Organisation of an MIS

1.7.3. Classificazione dei MIS

Il MIS può essere suddiviso in quattro categorie:

1. Sistema informativo della banca dati:

In questo sistema, si presume che il legame tra il sistema informativo e l'utente sia debole. Questo tipo di sistema è più utile per le decisioni non strutturate. Il sistema informativo raccoglie, classifica e memorizza i dati che possono essere utili all'utente. L'utente richiede i dati in base alle sue esigenze e determina la causa e l'effetto in vista delle azioni e giudica quale sia il risultato più adatto. I dati non aiutano l'utente a fare previsioni o a prendere decisioni, ma la natura e la disponibilità dei dati stessi tendono a suggerire all'utente alcune alternative desiderabili. Il sistema informativo della banca dati è illustrato nella figura.

11

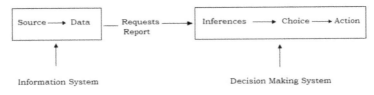

[Data Bank Information System]

2. Sistema informativo predittivo

Questa classe di sistemi è un'estensione del sistema informativo della banca dati. In questo sistema la previsione e l'inferenza si verificano quando l'elaborazione del sistema informativo passa dai dati di base alle conclusioni sulla fonte.

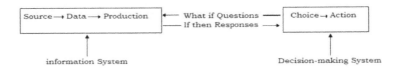

Perdictive Information System

3. Sistema informativo per il processo decisionale

In questo sistema sono incorporati il sistema di valori dell'organizzazione e i criteri di scelta. Questo livello di MIS è utile per le decisioni strutturate.

4. Sistema informativo per la presa di decisioni

Per esempio, un ordine d'acquisto viene emesso automaticamente quando il livello dell'inventario raggiunge o scende al di sotto del riordino o invia ai venditori le rimanenze per fornire la merce quando la fornitura è in ritardo.

1.7.4. Implementazione del MIS

Il piano di attuazione prevede le seguenti fasi:
1. Preparazione di piani organizzativi.
2. Pianificazione del flusso di lavoro.
3. Formazione del personale.
4. Sviluppo di software.
5. Acquisizione di hardware per computer.
6. Progettazione del formato per la raccolta dei dati.
7. Costruzione di file di dati.
8. Funzionamento in parallelo di vecchi e nuovi sistemi.
9. Eliminazione graduale del vecchio sistema e introduzione del nuovo.
10. Valutazione, manutenzione e controllo del nuovo sistema.

1.8. SVANTAGGI DEL SISTEMA INFORMATIVO

I sistemi informativi possono presentare i seguenti svantaggi:

1. **L'introduzione** di nuove tecnologie, soprattutto per l'automazione, a volte rende obsolete le competenze esistenti di alcuni lavoratori. Molte industrie, come quella automobilistica, siderurgica, assicurativa e bancaria, hanno attraversato periodi di massicci licenziamenti a causa di intensi sforzi di automazione. Pertanto, se da un lato l'informatizzazione può aumentare l'efficienza operativa e migliorare i profitti, a volte è anche la causa principale della riduzione della forza lavoro.

2. **Sovraccarico di informazioni:** La generazione di quantità eccessive di informazioni può sopraffare i manager che devono digitarle e utilizzarle per prendere decisioni. A volte, questo miglioramento ha anche i suoi lati negativi.

3. **Diffidenza dei dipendenti:** I dipendenti a volte temono che i computer finiscano per sostituirli. Possono guardare al sistema informativo con scetticismo, a meno che non abbiano la certezza che il loro lavoro non sia in pericolo.

4. **Aumento della pressione competitiva:** le piccole e medie industrie sono sempre più sotto pressione e vengono progressivamente estromesse dal mercato dalle aziende più grandi.

5. **Disincanto nei confronti dell'IS:** Molte organizzazioni non sono in grado di valutare i sistemi e le tecnologie informatiche per le loro organizzazioni rispetto al ritorno sugli investimenti. Nei prossimi anni, il MIS sarà oggetto di un attento esame delle sue capacità di mantenere le promesse fatte.

6. **Violazioni della sicurezza:** quando un'organizzazione introduce nuove e sofisticate tecnologie, trova anche nuovi modi per proteggere questi beni da furti, sottrazioni e violazioni della sicurezza. Pertanto, i computer e i sistemi informativi aumentano i costi operativi di un'organizzazione.

1.9. APPROCCI DI SVILUPPO ERRATI

Esistono sette tipi di approcci utilizzati per lo sviluppo del MIS

1. **Approcci top-down**:

    Questo approccio ha sviluppato un piano aziendale come guida per la progettazione del sistema informativo. In questo caso, l'alta direzione prende l'iniziativa di formulare obiettivi, politiche e piani e li comunica ai quadri intermedi e di supervisione per tradurli in realtà.

2. **Approcci dal basso verso l'alto**:

    Si compone delle seguenti cinque fasi:

    a. Le singole applicazioni funzionali sono pianificate separatamente e consistono in elaborazioni di transizione, aggiornamento di file e semplici rapporti.

    b. I file delle varie applicazioni funzionali vengono integrati mediante indicizzazione e modifica in un database.

    c. Vengono aggiunte varie funzioni per operare a livello di database e di controllo di gestione.

d. Integrazione dei modelli in una base di modelli con un'ampia gamma di modelli di analisi, decisione e pianificazione.

e. I modelli di pianificazione strategica vengono aggiunti al sistema informativo.

3. Approcci integrativi:

Questo approccio consente ai manager di tutti i livelli di influenzare la progettazione del MIS. In questo caso, la valutazione, la modifica e l'approvazione del top management continuano fino a quando il progetto finale non è accettabile per tutti i livelli.

4. Approcci tradizionali:

In questo caso le attività vengono eseguite in sequenza. Ogni attività viene intrapresa solo quando l'attività precedente è stata completata. I manager e gli utenti considerano e rivedono il lavoro svolto dai professionisti del MIS durante ogni fase di elaborazione, al fine di garantirne l'accuratezza e la completezza.

5. Approcci di prototipazione:

Per evitare ogni possibile ritardo, si ricorre all'approccio della prototipazione. Si tratta di sviluppare una versione piccola o pilota, chiamata prototipo, che viene costruita rapidamente e a costi ridotti con l'intenzione di modificarla quando necessario.

6. Approcci di sviluppo per l'utente finale:

In questo approccio, grazie alla crescente disponibilità di tecnologie a basso costo, lo sviluppo da parte dell'utente finale è molto diffuso in molte organizzazioni. In questo caso l'utente finale è responsabile dello sviluppo del sistema.

7. Approccio sistematico per lo sviluppo nelle piccole organizzazioni:

Poiché il numero di professionisti del MIS è ridotto e le responsabilità sono molteplici, hanno poco tempo per sviluppare nuovi sistemi per gli utenti. In un'organizzazione molto piccola, non uscirà nessun professionista MIS. Ciò non significa che non possano sviluppare sistemi informativi gestionali. Essi sviluppano sistemi utilizzando le seguenti fasi:

S Identificare i requisiti

S Individuare, valutare e rendere sicuro lo sviluppo del software.

S Individuare, valutare e proteggere l'hardware.

S Implementare i sistemi.

1.10. VINCOLI NELLO SVILUPPO DI UNA MIS

I vincoli per lo sviluppo di un MIS efficace sono i seguenti:

1. Nessun sistema di gestione su cui basarsi.
2. Nessuna chiara definizione della missione e dello scopo.
3. Nessun obiettivo per l'azienda.
4. Misorganizzazione.
5. Divario di comunicazione.
6. Mancanza di partecipazione del management.

1.11. MIS E USO DEL COMPUTER

Ecco i principali vantaggi dell'utilizzo della tecnologia informatica nel MIS:

1 .Ampliare le possibilità di utilizzo del sistema
2. Migliorare la velocità di elaborazione e recupero dei dati
3. Ampliare l'ambito di analisi.
4. Crescente complessità della progettazione e del funzionamento del sistema.
5. Integrazione di diversi sottosistemi informativi.
6. Aumentare l'efficacia del sistema informativo.
7. Estendere informazioni più complete ai manager aziendali.

1.12. LIMITI DELL'ERRORE

I limiti del MIS

1. Il MIS non può sostituire il giudizio manageriale nel processo decisionale. È solo uno strumento efficace per i manager nella risoluzione dei problemi decisionali.
2. La qualità dei risultati del MIS è direttamente proporzionale alla qualità degli input e dei processi.
3. Il MIS non può fornire pacchetti di informazioni su misura. È necessario analizzare le informazioni disponibili prima di prendere decisioni.
4. In un ambiente complesso e in rapida evoluzione, il MIS potrebbe non avere sufficiente flessibilità per aggiornarsi rapidamente.
5. Il MIS prende in considerazione solo fattori quantitativi.
6. Il MIS è meno utile per prendere decisioni non programmate.
7. Il MIS è meno efficace nelle organizzazioni in cui le informazioni non vengono condivise con gli altri.
8. Il MIS è meno efficace a causa dei frequenti cambiamenti nel top management, nella struttura organizzativa e nel personale operativo.

1.13. SISTEMI INFORMATIVI BASATI SUL COMPUTER

➢ I dirigenti prendono decisioni per risolvere i problemi e le informazioni vengono utilizzate per prendere le decisioni.

➢ Le informazioni vengono presentate sia in forma orale che scritta da un elaboratore di informazioni.

➢ Contiene tutte le aree applicative basate sul computer: AIS (Accounting Information System), MIS (Management Information System), DSS (Decision Support System), OA (Office Automation) e ES (Expert System).

➢ Il termine sistema informativo basato sul computer (CBIS) viene utilizzato per descrivere i cinque sottosistemi che utilizzano il computer.

➢ Tutti i sottosistemi del CBIS forniscono informazioni per la risoluzione dei problemi.

➢ Ogni sottosistema CBIS può supportare la gestione della qualità. Si tratta di clienti esterni all'azienda. I servizi informativi si interfacciano con questi clienti esterni attraverso l'AIS. Gran parte della percezione che i clienti esterni hanno

15

dell'azienda si basa sulla capacità dell'AIS di eseguire gli ordini in modo rapido e accurato. Il sistema informativo ha quindi un'influenza diretta sulla qualità dei prodotti e dei servizi dell'azienda. Il sistema informativo esercita anche un'influenza indiretta, fornendo informazioni agli utenti interni all'azienda.

➤ Si tratta di clienti interni, presenti a tutti i livelli organizzativi e in tutte le aree funzionali. Le informazioni consentono a questi clienti interni di svolgere meglio il proprio lavoro, ottenendo prodotti e servizi migliori. Inoltre, i rapporti finanziari standard prodotti dall'AIS, come il conto economico e le analisi dei costi, fungono da scorecard dell'impegno per la qualità, riportando i costi di rilavorazione, i resi dei clienti, le richieste di garanzia e così via. La figura mostra ciascuno di questi sottosistemi che forniscono informazioni da utilizzare nella gestione della qualità.

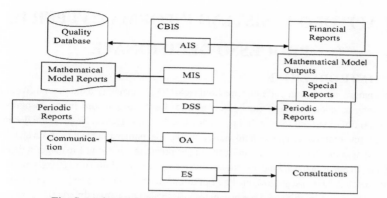

Fig. Sottosistemi CBIS di supporto alla gestione della qualità

17

CAPITOLO 2 : SISTEMI INFORMATIVI PER IL PROCESSO DECISIONALE

2.1. INTRODUZIONE

La natura e la portata delle informazioni richieste dai manager e dai diversi livelli di un'organizzazione variano considerevolmente. Le organizzazioni hanno bisogno di diversi tipi di sistemi informativi per soddisfare le loro esigenze. Negli ultimi decenni i sistemi informativi hanno fatto molta strada. Un numero crescente di dirigenti si affida ai computer e ai sistemi informativi per prendere decisioni. I manager a diversi livelli di un'organizzazione prendono diversi tipi di decisioni (operative, tattiche e strategiche). Di conseguenza, anche i tipi di informazioni necessarie per supportare le loro decisioni sono diversi. Di conseguenza, sono stati progettati diversi tipi di sistemi informativi per soddisfare le varie esigenze informative dei manager.

Esistono quattro tipi di sistemi informativi:

1. Sistema di elaborazione delle transazioni (TPS)
2. Sistema informativo di gestione (MIS)
3. Sistemi di supporto intelligenti (ISS) costituiti da sistemi di supporto alle decisioni (DSS), sistemi informativi esecutivi (EIS) e sistemi esperti (ES).
4. Sistema di automazione d'ufficio (OAS)

2.2. SISTEMA DI ELABORAZIONE DELLE TRANSAZIONI

Lo scopo principale del sistema di elaborazione delle transizioni è quello di registrare, elaborare, convalidare e memorizzare le transizioni che avvengono nelle varie aree funzionali di un'azienda per poterle utilizzare in futuro.

* La transazione può essere **interna o esterna**. Quando un reparto ordina forniture per ufficio all'ufficio acquisti, si verifica una transazione interna.
* Quando un cliente effettua un ordine per un prodotto, si verifica una transizione esterna.
* Questo sistema di elaborazione è utilizzato in diversi ambiti dell'organizzazione, come la contabilità, la produzione, le risorse umane, il marketing, il controllo di qualità e le risorse e lo sviluppo.

2.2.1. Fasi dell'elaborazione di una transazione

I dati devono essere elaborati per diventare un'informazione completa. Le 6 fasi di elaborazione di una transazione sono le seguenti.

1. Inserimento dati
2. Convalida dei dati
3. Elaborazione e riconvalida
4. Immagazzinamento
5. Generazione di output
6. Supporto per le query

Inserimento dei dati: I dati delle transazioni devono essere prima inseriti nel sistema. Esistono diversi dispositivi di input per l'inserimento dei dati, tra cui la tastiera e il mouse. Il documento generato alla fonte dove avviene la transazione è chiamato documento di origine e diventa un dato di input per il sistema.

Esempio: quando un cliente restituisce un articolo presso un punto vendita, la ricevuta di vendita diventa il documento di origine per la transazione di restituzione dell'articolo per la sostituzione.

■ **Convalida dei dati:**

✓ La convalida dei dati è essenziale nell'elaborazione delle transazioni. Garantisce l'accuratezza e l'affidabilità dei dati confrontando i dati effettivi con standard predeterminati o risultati noti.

✓ Le fasi della convalida sono due. (1) Rilevamento degli errori. (2) Correzione degli errori.

✓ Rilevamento degli errori: verifica del formato appropriato dei dati, controllo dei dati mancanti, dei dati non validi e dei dati incoerenti.

✓ Correzione degli errori: le procedure di correzione degli errori sono progettate per garantire che tutti siano stati corretti e che non siano stati introdotti errori durante il processo. La tecnica utilizzata per la correzione degli errori dipende dal tipo di errori e dalla natura dell'applicazione.

■ **Elaborazione e rivalutazione dei dati:**

Dopo la convalida dell'accuratezza e dell'affidabilità dei dati, i dati vengono elaborati nelle due modalità seguenti

S Elaborazione delle transizioni online.

S Elaborazione in batch.

❖**Elaborazione della transizione online:**

Online significa che il dispositivo di immissione dei dati è direttamente collegato al TPS. I dati vengono elaborati direttamente non appena vengono inseriti nel sistema. In questo sistema non c'è sempre un intervallo di tempo tra la creazione e l'elaborazione dei dati. Es. ATM

❖**Elaborazione in lotti :**

✓ Nell'elaborazione batch, le transazioni vengono accumulate nel tempo ed elaborate periodicamente.

✓ L'elaborazione può essere effettuata su base giornaliera, settimanale, mensile o su qualsiasi altro periodo di tempo adeguato alla specifica applicazione.

✓ Ad esempio, un'organizzazione può elaborare i proventi delle vendite su base giornaliera alla fine di ogni giornata e le spese giornaliere su base mensile.

■ **Memorizzazione dei dati.**

✓ L'archiviazione dei dati è un'altra funzione importante, perché i valori di utilità dei dati diminuiscono se questi non vengono archiviati correttamente.

✓ Ad esempio, il rubinetto magnetico viene utilizzato per memorizzare i dati, cioè per l'elaborazione in batch. Tuttavia, le transazioni online. L'elaborazione viene rilasciata su altri tipi di supporti di memorizzazione, come il disco magnetico. Va notato che la memorizzazione e l'output non avvengono sempre nello stesso ordine. È possibile inviare i risultati della transazione al decisore e poi memorizzarli, oppure memorizzare i risultati e poi inviarli al decisore.

■ **Generazione di output.**
  ✓ L'output può essere comunicato al decisore, dopo che i dati sono stati inseriti, convalidati, elaborati, riconvalidati e archiviati, nei due modi seguenti:
• Documenti e rapporti
• Moduli (schermate e pannelli)
    ✓ I documenti sono un metodo di output molto diffuso. Alcuni esempi: Fatture, assegni, fatture di acquisto, ricevute di vendita e ordini di lavoro.
    ✓ Un documento è solitamente la registrazione di una transazione, mentre un rapporto è il riassunto di due o più transazioni. Tuttavia, questi termini sono intercambiabili.
    ✓ Le presentazioni informatiche possono apparire anche su schermi e pannelli di computer. Tali presentazioni in formato cartaceo sono note come moduli.

■ **Supporto alle interrogazioni.** (porre domande)
    ✓ Le strutture consentono agli utenti di accedere a dati e informazioni che altrimenti non sarebbero facilmente disponibili.

2.3. SISTEMI INFORMATIVI GESTIONALI

■ I sistemi informativi gestionali sono progettati per fornire informazioni alle funzioni chiave di un'organizzazione. Questi sistemi utilizzano i dati delle transazioni già elaborate che escono dal TPS e generano rapporti informativi dopo l'elaborazione dei dati. L'output di un MIS assume la forma di rapporti di sintesi e di rapporti di eccezione. Un rapporto di sintesi accumula i dati di diverse transazioni e presenta i risultati in forma sintetica. Ad esempio, un direttore di banca può ottenere un rapporto di sintesi che elenca l'importo totale dei depositi e dei prelievi effettuati il giorno precedente. Un rapporto sulle eccezioni evidenzia le deviazioni dall'output previsto. Il suo scopo principale è quello di attirare l'attenzione dei manager intermedi su eventuali differenze significative tra le prestazioni effettive e quelle previste. Per esempio, un responsabile delle vendite può studiare un rapporto di eccezione che elenca tutti i venditori che hanno venduto meno di RS. 10000 o più di RS 50000 nel mese precedente.

Fig shows the relationship between TPS and MIS:

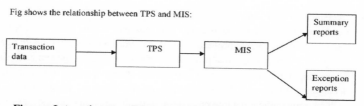

Figura: Interazione tra TPS e MIS per le esigenze informative di un'organizzazione.

2.3.1. Il processo decisionale nel MIS

Il processo decisionale è una parte essenziale del management. I primi modelli classici di management sottolineavano le funzioni dei manager, ovvero la pianificazione, l'organizzazione, il personale, il coordinamento, il reporting e il budgeting. A seconda del livello in cui si trovano i decisori manageriali, essi svolgono un diverso mix di funzioni manageriali? Esistono principalmente tre livelli di gestione e di processo decisionale: strategico, tecnico-tattico e operativo. Questi tre livelli decisionali sono strettamente correlati tra loro. In sostanza, le funzioni che un manager svolge dipendono dal livello in cui si trova il decisore e dal tipo di decisioni.

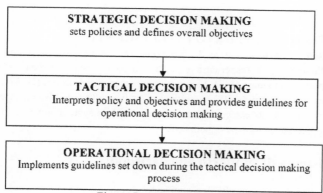

Figura: Processo decisionale

Tipi di decisioni:

I processi decisionali utilizzati nel MIS sono di due tipi. Essi sono
1. Decisioni strutturate.
2. Decisioni non strutturate.

21

> **Decisioni strutturate**
> Le decisioni strutturate sono quelle che possono essere programmate. Queste decisioni possono essere prese in modo oggettivo. Sono essenzialmente ripetitive, di routine e comportano una procedura definita per la loro gestione. Herbert A. Simon ha definito le decisioni strutturate come decisioni programmate. Le decisioni programmate sono infatti quelle che vengono prese in base a una politica, a una regola o a una procedura, in modo che non debbano essere gestite da zero ogni volta che si presentano. È per queste ragioni che tali problemi manageriali vengono relegati al livello di supervisione.

> **Decisioni non strutturate**
> Le decisioni non strutturate sono quelle in cui il decisore deve fornire giudizi, valutazioni e approfondimenti sulla definizione del problema. Queste decisioni devono essere prese in modo soggettivo. Le decisioni non strutturate sono di natura più specifica, di solito si tratta di eventi unici per i quali non sono disponibili risposte standard. Per questo motivo, richiedono un processo creativo di risoluzione dei problemi, appositamente studiato per soddisfare le esigenze della situazione. In effetti, i manager di livello superiore di un'organizzazione si trovano di solito ad affrontare un numero maggiore di situazioni decisionali non strutturate. Alcuni hanno giustamente descritto la situazione come in qualche modo strategica rispetto all'orientamento tattico delle decisioni strutturate ai livelli inferiori di gestione. Le decisioni strategiche sono non soggettive, vitali e importanti e mirano a determinare o modificare i fini o i mezzi dell'impresa.

2.3. SISTEMI DI SUPPORTO INTELLIGENTI

■ I sistemi che facilitano le decisioni che richiedono l'uso della conoscenza, dell'intuizione, dell'esperienza e della competenza sono chiamati sistemi di supporto intelligente (ISS). I sistemi di supporto alle decisioni (DSS), i sistemi informativi esecutivi (EIS), l'intelligenza artificiale (AI) e i sistemi esperti (ES) rientrano in questa categoria. Questi sistemi sono spiegati in breve e il loro ruolo nel processo decisionale organizzativo.

2.4.1. Sistema di supporto alle decisioni:

■ I sistemi di supporto alle decisioni sono sistemi interattivi e ben integrati che forniscono ai manager dati, strumenti e modelli per facilitare le decisioni semi-strutturate o tattiche. Automatizzano gli elementi di routine e ripetitivi di un problema, supportando al contempo l'uso dell'intuizione e del giudizio. I DSS sono ideali per problemi come la selezione della sede, l'identificazione di nuovi prodotti da commercializzare, la programmazione del personale e l'analisi dell'effetto che gli aumenti di prezzo delle risorse hanno sui profitti.

■ I DSS sono sistemi uomo/macchina e sono adatti a problemi semi-strutturati. Il problema deve essere importante per il manager e la decisione richiesta deve essere importante. Inoltre, se si vuole utilizzare un sistema interattivo basato su computer, devono essere soddisfatti alcuni dei seguenti criteri:

✓ Dovrebbe esserci un'ampia base di dati,

✓ Grande quantità di calcoli o manipolazione di dati,

✓ Interrelazioni complesse,

✓ Analisi per fasi,

✓ Giudizio richiesto e

✓ Comunicazione

■ Da questi criteri si evince che i DSS sono inadeguati per i problemi non strutturati e non necessari per i problemi completamente strutturati, perché possono essere affrontati interamente dal computer. In linea di massima, i DSS richiedono una banca dati, il software per gestire la banca dati e i programmi di supporto alle decisioni, tra cui modelli, fogli di calcolo e pacchetti di analisi, sistemi esperti, ecc.

■ Un DSS consente ai manager di effettuare la ricerca di obiettivi, che specifica le azioni che un manager dovrebbe intraprendere per raggiungere un determinato obiettivo. Un'altra caratteristica importante dei DSS è che possono essere utilizzati da un singolo individuo o da un gruppo di individui. I DSS che supportano il processo decisionale di gruppo sono chiamati **Sistemi di Supporto alle Decisioni di Gruppo (GDSS)**. Nella maggior parte delle organizzazioni, le decisioni di qualsiasi importanza vengono prese collettivamente da un gruppo, non da una singola persona. I GDSS sono un insieme di sistemi interattivi e ben integrati che facilitano e supportano il processo decisionale di gruppo.

2.4.2. Sistemi informativi esecutivi:

■ Gli EIS sono sistemi di recupero dati che forniscono informazioni selezionate e sintetizzate per i dirigenti impegnati nella pianificazione a lungo termine. Gestione delle crisi e altre decisioni strategiche. È un sistema interattivo di facile utilizzo. Ha eccellenti capacità grafiche dei menu. Un modo tipico di funzionamento di un EIS è la segnalazione di eccezioni e l'approfondimento delle cause. Ad esempio, un direttore di un'organizzazione può notare che un particolare reparto sta sforando il budget. Il manager dovrebbe quindi analizzare i dati con livelli di dettaglio sempre più bassi.

2.4.3. Intelligenza artificiale e sistemi esperti:

■ L'IA è una branca dell'informatica il cui obiettivo è progettare e sviluppare macchine che emulino l'intelligenza umana. Cerca di dotare le macchine di capacità e caratteristiche che indichino l'intelligenza nell'essere umano.

23

■ I sistemi esperti (ES), noti anche come sistemi basati sulla conoscenza, sono software progettati per catturare le conoscenze e le capacità di risoluzione dei problemi degli esperti umani. Ha tre componenti principali: una base di conoscenza, un motore di inferenza e un'interfaccia utente.

Le caratteristiche principali dei sistemi esperti sono:

✓ Un sistema esperto è un programma progettato per catturare la conoscenza e la risoluzione dei problemi di un esperto umano. Il sistema esperto è una branca dell'intelligenza artificiale.

✓ I sistemi esperti gestiscono problemi che richiedono conoscenza, intuizione e giudizio.

✓ I sistemi esperti, a differenza dei DSS e degli EIS, possono sostituire i decisori.

✓ Ha tre componenti principali: la base di conoscenza, che memorizza la conoscenza, il motore di inferenza, che memorizza i principi di ragionamento utilizzati dall'esperto, e l'interfaccia utente, che consente all'utente di interagire con il sistema.

✓ I sistemi esperti non sono progettati per un solo livello di gestione, la loro funzione principale è quella di diffondere le competenze in tutta l'organizzazione.

2.4. SISTEMA DI AUTOMAZIONE PER UFFICIO

OAS si riferisce a dispositivi meccanici, elettrici ed elettronici per migliorare la comunicazione sul posto di lavoro e aumentare l'efficienza e la produttività dei lavoratori della conoscenza o degli impiegati. Gli OAS comprendono:

❖ Elaborazione testi

❖ Posta elettronica

❖ Segreteria telefonica

❖ Conferenze audio

❖ Videoconferenza

❖ Conferenze via computer

❖ Tele conferenza

❖ Trasmissione facsimile

❖ Pubblicazione desktop

❖ Compito video

❖ Imaging

❖ Sistema multimediale

■ **Elaborazione testi**:

Si tratta dell'uso di un dispositivo elettronico che esegue automaticamente molte delle operazioni necessarie per creare documenti scritti come lettere, promemoria e relazioni indirizzate al manager.

■ **Posta elettronica:**

Posta elettronica, nota come e-mail. È l'uso di una rete di computer che consente agli utenti di inviare, archiviare e ricevere messaggi utilizzando i terminali e i dispositivi di archiviazione dei computer. Invia la posta elettronica da un computer all'altro.

■ **Segreteria telefonica:**

La posta vocale è come la posta elettronica e consente di memorizzare, accedere, recuperare e distribuire i messaggi utilizzando il telefono.

■ **Audioconferenza:**

L'audioconferenza è l'uso di apparecchiature di comunicazione vocale per stabilire un collegamento audio tra persone geograficamente distanti per condurre una conferenza. La teleconferenza, che consente a più di due persone di partecipare a una conversazione telefonica, è stata la prima forma di audioconferenza ed è ancora in uso.

■ **Videoconferenze:**

Si tratta dell'uso di apparecchiature televisive per collegare i partecipanti a conferenze geograficamente disperse in modo che possano comunicare faccia a faccia. L'apparecchiatura consente il collegamento audio e video.

■ **Conferenze via computer:**

La computer conferencing è l'uso di un computer di rete per tutti i membri di un team di problem solving per scambiare informazioni sul problema che si sta risolvendo.

■ **Tele conferenza:**

Include tutte e tre le forme di conferenza assistita elettronicamente: audio, video e computer.

■ **Trasmissione in facsimile:**

La trasmissione facsimile, nota anche come fax, è il trasferimento di informazioni scritte o illustrate mediante l'uso di apparecchiature speciali in grado di leggere l'immagine di un documento a un'estremità di un canale di comunicazione e di farne una copia all'altra estremità.

■ **Editoria desktop:**

Il desktop publishing è l'uso di un computer per preparare la stampa, utilizzando un software con sofisticate capacità di pubblicazione.

■ **Attività video:**

È l'uso del computer per visualizzare un materiale narrativo e grafico memorizzato su uno schermo CRT.

■ **Imaging:**

L'imaging è l'uso del riconoscimento ottico dei caratteri per convertire documenti cartacei o microfilm in un formato digitale da memorizzare in un dispositivo di archiviazione secondario per facilitarne il recupero e l'elaborazione.

- **Sistema multimediale:**

  I sistemi multimediali sono sistemi ben integrati che memorizzano, recuperano ed elaborano diversi tipi di dati come test, grafica, immagini, video in full motion, audio e animazioni.

  Aiuta gli utenti a creare, elaborare, condividere e visualizzare informazioni in un'ampia gamma di formati.

2.6. CARATTERISTICHE DEL SISTEMA INFORMATIVO

- **Sistema di elaborazione delle transazioni (TPS)**
  - ✓ **Ingresso:** Dati relativi alla transazione.
  - ✓ **Elaborazione:** Utilizzare la procedura e le regole.
  - ✓ **Output:** Riassunto della transazione.
  - ✓ **Utenti:** Manager di basso livello.
  - ✓ **Applicazioni:** Applicazioni per transazioni di vendita, crediti e pagamenti, richieste di risarcimento assicurativo.

- **Sistema informativo gestionale (MIS)**
  - ✓ **Ingresso:** Uscita da TPS e altri dati interni.
  - ✓ **Elaborazione:** Misura e monitora le prestazioni operative.
  - ✓ **Output:** Rapporti di sintesi e di eccezione.
  - ✓ **Utenti:** Manager di medio livello.
  - ✓ **Applicazione:** Rapporto di produzione mensile.

- **Sistema di supporto intelligente (ISS)**
  - **Input:** Dati e modelli interni ed esterni.
  - ✓ **Elaborazione:** Reporting interattivo ad hoc.
  - ✓ **Output:** Rapporti sulle alternative e sull'analisi.
  - ✓ **Utenti:** Top manager.
  - ✓ **Applicazione:** Portafogli di investimento.

- **Sistema di automazione dell'ufficio (OAS)**
  - ✓ **Ingresso:** Dati e informazioni.
  - ✓ **Elaborazione:** Formattazione, sintesi e visualizzazione.
  - ✓ **Output:** Documenti, grafica, multimedia.
  - ✓ **Utenti:** Lavoratori esperti e impiegati.
  - ✓ **Applicazioni:** Fax, Multimedia, Videoconferenze.

CAPITOLO 3: HARDWARE PER I SISTEMI INFORMATIVI

3.1. INTRODUZIONE

- Il computer è una macchina automatica composta da dispositivi elettronici ed elettromeccanici che elaborano dati sotto il controllo di un programma per generare informazioni significative con velocità e precisione.

- Può eseguire calcoli lunghi e complessi e analizzare dati scientifici o matematici complessi. L'hardware del computer comprende il computer fisico e i suoi componenti periferici. Vengono identificati e spiegati i dispositivi di input, output e storage, oltre ad altri tipi di computer.

3.2. NOZIONI DI BASE SULLA RAPPRESENTAZIONE DEI DATI

- I dati vengono solitamente rappresentati in un computer utilizzando numeri, simboli alfabetici dalla A alla Z, grafici e immagini.

- Questa forma di rappresentazione viene utilizzata per formulare il problema e trasmessa al computer.

- L'output elaborato è richiesto nella stessa forma. Questa forma di rappresentazione è chiamata rappresentazione esterna dei dati.

- Tuttavia, il computer è in grado di comprendere i dati attraverso stringhe di cifre binarie, o bit.

- Un bit è la più piccola unità di dati in un computer. È rappresentato da un 1 o da uno 0.

- Una combinazione unica di otto bit, denominata byte, rappresenta ogni carattere in un computer.

- Le due caratteristiche più importanti dell'hardware di un computer sono la velocità e le dimensioni.

- Il tempo di elaborazione dei computer si misura in milioni di secondi; le istruzioni elaborate al secondo sono espresse in **MIPS** (milioni di istruzioni al secondo).

- Le unità di tempo e di dimensione utilizzate per descrivere un computer sono le seguenti:

UNIT	SIZE OF MEMORY
Byte	8 bits
Kilobyte (KB)	1000 (10^3) bytes
Megabyte (MB)	1000000(10^6) bytes
Gigabyte (GB)	1000000000(10^9) bytes
Terabyte	1000000000000(10^{12}) bytes

3.3. TIPI DI COMPUTER

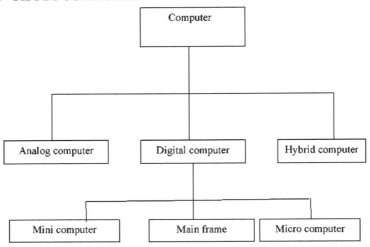

❖ **Computer analogico**

I computer analogici sono utilizzati per elaborare dati continui. I computer analogici rappresentano le variabili attraverso quantità fisiche. Pertanto, qualsiasi computer che risolve un problema traducendo condizioni fisiche quali flusso, temperatura, pressione, posizione angolare o tensione in circuiti meccanici o elettrici correlati, è un computer che utilizza una quantità analogica e produce valori analogici in uscita. Un computer analogico misura quindi in modo continuo. I computer analogici sono molto veloci. Producono i loro risultati molto velocemente. Ma i loro risultati sono approssimativamente corretti. Tutti i computer analogici sono computer per scopi speciali.

❖ **Computer digitale**.

Il computer digitale rappresenta quantità fisiche con l'aiuto di cifre o numeri. Questi numeri vengono utilizzati per eseguire calcoli aritmetici e prendere decisioni logiche per giungere a una conclusione, a seconda dei dati ricevuti dall'utente. I computer

28

digitali sono classificati in 3 tipi. Questi sono:
- **Computer del telaio principale**

I computer più costosi, più grandi e più veloci o rapidi sono chiamati computer mainframe. Questi computer sono utilizzati nelle grandi aziende, nelle fabbriche, nelle organizzazioni, ecc. I computer mainframe sono i più costosi e costano più di 20 milioni di rupie. In questi computer 150 utenti possono lavorare su un C.P.U. I mainframe sono in grado di elaborare da 1 a 8 bit alla volta. Hanno diverse centinaia di megabyte di memoria primaria e operano a una velocità misurata in nano secondi.
- **Mini computer**

I minicomputer sono più piccoli dei mainframe, sia per le dimensioni che per altre caratteristiche come la velocità, la capacità di archiviazione e altri servizi. Sono versatili e possono essere installati ovunque sia necessario. La loro velocità è compresa tra uno e cinquanta milioni di istruzioni al secondo (MIPS). Hanno una capacità di memorizzazione primaria compresa tra i cento e i trecento megabyte con dispositivi di memorizzazione ad accesso diretto.

- Micro computer

Si tratta della gamma più piccola di computer. Sono stati introdotti all'inizio degli anni '70 con uno spazio di memoria e una velocità di elaborazione inferiori. I microcomputer di oggi sono equivalenti ai mini computer di ieri in termini di prestazioni ed elaborazione. Sono anche chiamati "computer di un chip" perché l'intero circuito è contenuto in un minuscolo chip. I microcomputer hanno un'ampia gamma di applicazioni, tra cui l'utilizzo come computer portatili che possono essere collegati a qualsiasi parete.

Computer ibrido

Diversi computer appositamente progettati presentano caratteristiche sia digitali che analogiche, combinando i vantaggi dei computer analogici e digitali quando lavorano come sistema. I computer ibridi sono ampiamente utilizzati nei sistemi di controllo dei processi in cui è necessario avere una stretta rappresentazione del mondo fisico. Il sistema ibrido offre la buona precisione che si può ottenere con i computer analogici e il maggiore controllo che è possibile ottenere con i computer digitali, oltre alla capacità di accettare i dati in ingresso in entrambe le forme.

3.4. COMPONENTI DI BASE DEI SISTEMI INFORMATICI

Il sistema informatico è composto da quattro unità
- ✓ Unità di ingresso
- ✓ Unità di elaborazione centrale (CPU) Composta da ALU (Unità logica aritmetica), Unità di controllo e Unità di memoria.
- ✓ Unità di archiviazione secondaria.
- ✓ Unità di uscita.

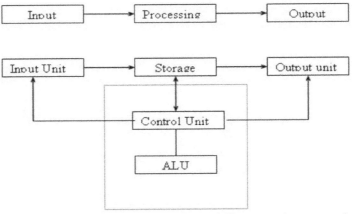

Unità di ingresso: Questa unità viene utilizzata dall'utente per immettere nel sistema informatico dati e programmi da elaborare.

❖**Unità di memoria:** L'unità di memoria viene utilizzata per memorizzare i dati e le istruzioni prima e dopo l'elaborazione.

❖**Unità di uscita:** L'unità di uscita viene utilizzata per memorizzare il risultato prodotto dal computer dopo l'elaborazione.

❖**Unità di elaborazione centrale (CPU):** Il compito di eseguire operazioni come quelle aritmetiche e logiche è chiamato elaborazione. L'unità di elaborazione centrale (CPU) riceve i dati e le istruzioni dall'unità di memoria ed esegue ogni tipo di calcolo in base alle istruzioni impartite e al tipo di dati forniti. I dati vengono poi rispediti all'unità di memoria. La CPU comprende l'unità logica aritmetica (ALU) e l'unità di controllo (CU).

✓ **Unità logica aritmetica:** Tutti i calcoli e i confronti, basati sulle istruzioni fornite, vengono eseguiti all'interno dell'ALU. Esegue funzioni aritmetiche come addizione, sottrazione, moltiplicazione, divisione e anche operazioni logiche come maggiore di, minore di, uguale a ecc.

✓ **Unità di controllo:** L'unità di controllo esegue il controllo di tutte le operazioni di input, elaborazione e output. Si occupa dell'elaborazione passo dopo passo di tutte le operazioni nel computer.

❖**Memoria**

La memoria del computer può essere classificata in due tipi

✓ **Memoria primaria**
✓ **Memoria secondaria**

■ **Memoria primaria**

Si può classificare in due tipi: -

30

1. **RAM** (memoria ad accesso casuale)
2. **ROM** (memoria di sola lettura)

La RAM o memoria ad accesso casuale è l'unità di un sistema informatico. È il luogo di un computer in cui il sistema operativo, i programmi applicativi e i dati in uso vengono conservati temporaneamente per poter essere consultati dal processore del computer. È detta "volatile" perché il suo contenuto è accessibile solo finché il computer è acceso. Il contenuto della RAM non è più disponibile una volta spento il computer.

S ROM o Read Only Memory (memoria di sola lettura) è un tipo speciale di memoria che può essere solo letta e il cui contenuto non viene perso nemmeno quando il computer viene spento. In genere contiene le istruzioni del produttore. Tra le altre cose, la ROM memorizza anche un programma iniziale chiamato "bootstrap loader", la cui funzione è quella di avviare il funzionamento del sistema informatico una volta acceso.

■ **Memoria secondaria**

I dispositivi di archiviazione secondaria sono di due tipi: 1. magnetici 2. ottici Ottico I dispositivi magnetici comprendono i dischi rigidi e i dispositivi di archiviazione ottica sono CD, DVD, Pen drive, Zip drive ecc.

✓ **Disco rigido**

I dischi rigidi sono costituiti da materiale rigido e di solito sono una pila di dischi metallici sigillati in una scatola. Il disco rigido e l'unità disco rigido costituiscono un'unità e sono una parte permanente del computer in cui vengono salvati dati e programmi. Questi dischi hanno capacità di memorizzazione che vanno da 1 GB a 80 GB e oltre. I dischi rigidi sono riscrivibili.

Esempio di memoria secondaria

✓ **Disco compatto**

Il Compact Disk (CD) è un disco portatile con una capacità di memorizzazione dei dati compresa tra 650-700 MB. Può contenere una grande quantità di informazioni, come musica, video in full-motion e testi, ecc. I CD possono essere di sola lettura o di scrittura.

✓ **Disco video digitale**

Il Digital Video Disk (DVD) è simile a un CD, ma ha una maggiore capacità di memorizzazione e un'enorme chiarezza. A seconda del tipo di disco, può memorizzare diversi Gigabyte di dati. I DVD sono utilizzati principalmente per memorizzare musica o film e possono essere riprodotti anche sul televisore o sul computer. Non sono riscrivibili.

• **Dispositivi di ingresso/uscita:**

Questi dispositivi sono utilizzati per immettere informazioni e istruzioni in un computer per la memorizzazione o l'elaborazione e per fornire i dati elaborati a un utente. I dispositivi di ingresso/uscita sono necessari agli utenti per comunicare con il computer. In parole povere, i dispositivi di input portano le informazioni all'interno

31

del computer e i dispositivi di output portano le informazioni all'esterno del sistema informatico. Questi dispositivi di input/output sono noti anche come periferiche, poiché circondano la CPU e la memoria di un sistema informatico.

- **Dispositivi di ingresso**

  Un dispositivo di input è un dispositivo che fornisce input a un computer. Esistono molti dispositivi di input, ma i due più comuni sono la tastiera e il mouse. Ogni tasto premuto sulla tastiera e ogni movimento o clic effettuato con il mouse invia al computer un segnale di ingresso specifico.

  Esempio di dispositivo di input:-

- **Tastiera**:
- È un dispositivo di input. Nella tastiera i tasti sono disposti a matrice da righe e colonne. I tasti della tastiera sono: Tasti alfabetici, tasti numerici, tasti di controllo e tasti funzione. I tasti alfabetici e i tasti numerici fanno apparire sullo schermo i caratteri corrispondenti. I tasti di controllo vengono utilizzati per eseguire alcune azioni e i tasti funzione per eseguire alcune funzioni definite dal software o dall'utente.

- **Topo**:
- Dispositivo che controlla il movimento del cursore o del puntatore su uno schermo. Il mouse è un piccolo oggetto che può essere fatto rotolare su una superficie dura e piatta. Il nome deriva dalla sua forma, che ricorda un po' quella di un mouse. Quando si muove il mouse, il puntatore sullo schermo si muove nella stessa direzione.

- **Trackball**:
- La trackball è un dispositivo di input utilizzato per inserire dati di movimento nei computer o in altri dispositivi elettronici. Ha la stessa funzione di un mouse, ma è progettata con una sfera mobile sulla parte superiore, che può essere fatta rotolare in qualsiasi direzione.

- **Touchpad**:
- Il touch pad è un dispositivo per il puntamento (controllo del posizionamento dell'input) sullo schermo di un computer. È un'alternativa al mouse. Originariamente incorporati nei computer portatili, i touch pad sono stati realizzati anche per l'uso con i computer desktop. Il touch pad funziona rilevando il movimento del dito dell'utente e la pressione verso il basso. - Schermo tattile: Consente all'utente di operare o effettuare selezioni semplicemente toccando lo schermo. Uno schermo sensibile al tocco di un dito o di uno stilo. Ampiamente utilizzato su bancomat, terminali per punti vendita al dettaglio, sistemi di navigazione per auto, monitor medici e pannelli di controllo industriali.

  - **Penna luminosa**:
  - La penna ottica è un dispositivo di input che utilizza un rilevatore sensibile alla luce per selezionare gli oggetti su uno schermo.

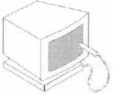

- **Riconoscimento dei caratteri a inchiostro magnetico (MICR)**:
- Il MICR è in grado di identificare i caratteri stampati con un inchiostro speciale che contiene particelle di materiale magnetico. Questo dispositivo trova applicazione soprattutto nel settore bancario.
- **Riconoscimento ottico del marchio (OMR)**:
- Il riconoscimento ottico dei segni, chiamato anche lettore di segni, è una tecnologia in cui un dispositivo OMR rileva la presenza o l'assenza di un segno, come ad esempio il segno di una matita. L'OMR è ampiamente utilizzato in test come quelli attitudinali.
- **Lettore di codici a barre**:
- I lettori di codici a barre sono scanner fotoelettrici che leggono i codici a barre o le strisce zebrate verticali stampate sui contenitori dei prodotti. Questi dispositivi sono generalmente utilizzati nei supermercati, nelle librerie, ecc.
- **Scanner:**
  È un dispositivo di input in grado di leggere testi o illustrazioni stampati su carta e di tradurre le informazioni in una forma utilizzabile dal computer. Uno scanner funziona digitalizzando un'immagine.

❖**Dispositivi di uscita:**
  Il dispositivo di output riceve le informazioni dalla CPU e le presenta all'utente nella forma desiderata. I dati elaborati, memorizzati nella memoria del computer, vengono inviati all'unità di output, che li converte in una forma comprensibile per l'utente. L'output viene solitamente prodotto in uno dei due modi: sul dispositivo di visualizzazione o su carta (copia cartacea).
  Esempio di dispositivo di uscita :-
- **Monitor**: è spesso usato come sinonimo di "schermo del computer" o "display". Il monitor è un dispositivo di output che assomiglia allo schermo del televisore. Può utilizzare un tubo a raggi catodici (CRT) per visualizzare le informazioni. Il

monitor è associato a una tastiera per l'immissione manuale dei caratteri e visualizza le informazioni man mano che vengono digitate. Visualizza anche l'output del programma o dell'applicazione. Come il televisore, anche i monitor sono disponibili in diverse dimensioni.

- **Stampante**: Le stampanti sono utilizzate per produrre carta (comunemente nota come copia cartacea). In base alla tecnologia utilizzata, possono essere classificate come stampanti a impatto o non a impatto.
- Le stampanti a impatto utilizzano il meccanismo di stampa dattilografica in cui un martello colpisce la carta attraverso un nastro per produrre l'output. Le stampanti a matrice di punti e a caratteri rientrano in questa categoria.
- Le stampanti non a impatto non toccano la carta durante la stampa. Utilizzano segnali chimici, termici o elettrici per incidere i simboli sulla carta. Le stampanti a getto d'inchiostro, DeskJet, laser e termiche rientrano in questa categoria di stampanti.
- **Plotter**: I plotter sono utilizzati per stampare su carta i risultati grafici. Interpretano i comandi del computer e realizzano disegni su carta utilizzando penne automatiche multicolore. È in grado di produrre grafici, disegni, diagrammi, mappe ecc.

- **Facsimile (FAX)**: Facsimile, dispositivo in grado di inviare o ricevere immagini e testo attraverso una linea telefonica. Le macchine fax funzionano digitalizzando un'immagine.
- **Schede audio e altoparlanti**: una scheda di espansione che consente al computer di manipolare ed emettere suoni. Le schede audio sono necessarie per quasi tutti i CD-ROM e sono diventate comuni nei moderni personal computer. Le schede audio consentono al computer di emettere suoni attraverso gli altoparlanti collegati alla scheda, di registrare i suoni in ingresso da un microfono collegato al computer e di manipolare i suoni memorizzati su disco.

3.5. FATTORI DI ACQUISTO DI UN PC:
I seguenti sei fattori devono essere presi in considerazione durante l'acquisto di un PC:
   a) Processore: 286, 386, 486 e Pentium,
   b) Velocità di clock: varia tra 25 MHz e 100 MHz,

c) Velocità della RAM: 60, 70, 100 MHz,

d) Slot e bus di espansione: l'aggiunta di funzionalità e capacità al proprio computer e il tipo di connessione elettrica utilizzata in uno slot di espansione.

e) Monitor: dimensioni, risoluzione, tricromia, interlacciato o non interlacciato, livelli di radiazione e schede video.

f) Upgrade: combinazione di alcune parti di un PC esistente con alcuni nuovi componenti, il cui costo può essere inferiore a quello di un nuovo sistema.

CAPITOLO 4 : SOFTWARE PER SISTEMI INFORMATIVI

4.1. INTRODUZIONE

I sistemi utilizzati nelle organizzazioni sono guidati da programmi. Un programma è un'istruzione graduale data a un computer per svolgere vari compiti. I programmi sono scritti utilizzando linguaggi speciali chiamati linguaggi di programmazione. Il processo di scrittura di un programma viene definito programmazione. Un insieme di programmi che istruisce l'hardware per eseguire un lavoro è chiamato software.

4.2. LINGUAGGI DI PROGRAMMAZIONE

Esistono due tipi di linguaggi di programmazione

1. Linguaggio procedurale.
2. Linguaggio non procedurale.

⇒ **Linguaggio procedurale:**
Un linguaggio che spiega in modo sequenziale e graduale l'esecuzione di un determinato compito è chiamato linguaggio procedurale.

⇒ **Linguaggio non procedurale:**
Un linguaggio non procedurale si concentra su ciò che deve essere fatto, senza specificare esattamente come deve essere fatto.

- **LINGUAGGI DI PRIMA GENERAZIONE (LINGUAGGIO MACCHINA):**
- I primi computer erano programmati in linguaggio macchina o linguaggio di generazione 1.st
  - Una serie di zeri e uno che la CPU può interpretare ed eseguire. Il linguaggio macchina è importante perché è l'unico linguaggio che il computer comprende. Poiché il linguaggio macchina è difficile da usare. Gli scienziati informatici hanno sviluppato un linguaggio di programmazione più simile alla comunicazione umana.
  - Il programma è scritto nel linguaggio del programmatore e viene tradotto nel linguaggio macchina prima di essere eseguito.
  - Il programma scritto dal programmatore è noto come programma sorgente. Il linguaggio macchina è chiamato programma oggetto.
- Il software di sistema che traduce il programma sorgente nel programma oggetto è chiamato traduttore.

❖ **LINGUAGGIO DI SECONDA GENERAZIONE (GLI ASSEMBLATORI):**
  - I 1st traduttori si chiamavano **assemblatori**. Essi consentivano al programmatore di codificare i programmi in linguaggio assembly o in 2nd linguaggio di generazione.
  - Un nome mnemonico in linguaggio assembly per le operazioni da eseguire nomi simbolici per i dati elaborati.
  - Il linguaggio assembly rappresentava un grande miglioramento rispetto al linguaggio macchina dal punto di vista del programmatore, ma presentava diversi

svantaggi.

- I programmi in linguaggio assemblato devono essere lunghi e di difficile lettura per i programmatori.

❖ LINGUE DI TERZA GENERAZIONE (3 GL)

- 3rd linguaggio di generazione può produrre istruzioni di programma a oggetti multipli da un'istruzione di programma sorgente. Ciò significa che i programmatori devono produrre meno righe di codice, inoltre la sintassi del linguaggio di generazione 3rd è più simile al linguaggio dell'utente.
- Il compilatore produce un programma oggetto completo in un unico processo e poi il programma oggetto viene eseguito.
- Un interprete traduce un'istruzione del programma sorgente e la esegue prima di passare all'istruzione successiva.
- COBOL, FORTAN e PL/I sono linguaggi di compilazione e i programmi di base sono linguaggi di interpretazione.

❖ LINGUAGGI DI QUARTA GENERAZIONE (4GL)

- 4th linguaggi di generazione sono stati sviluppati nel 1970 per superare le esigenze dei linguaggi di programmazione procedurali.
- 4th linguaggi di generazione sono linguaggi non procedurali. Consentono al programmatore e agli utenti di istruire il computer su cosa fare piuttosto che su come farlo.
- Il termine linguaggio naturale viene utilizzato anche perché la sintassi del linguaggio di generazione 4th può essere molto simile al nostro linguaggio quotidiano.
- (i) Linguaggi di interrogazione delle banche dati
  (ii) Linguaggi di modellazione
  (iii) Linguaggi di livello molto alto
  (iv) Generatori di grafici
  (v) Scrittori di rapporti
  (vi) Generatori di applicazioni

Linguaggio di interrogazione del database:

⇒ Qui viene mostrato come un manager può utilizzare un linguaggio di interrogazione dei database che fornisce un report speciale dai contenuti del database senza la necessità di codificare un programma. Il 4GL utilizzato nell'esempio è FOCUS.

⇒ **Linguaggi di modellazione**: Un linguaggio di modellazione è progettato appositamente per facilitare la costruzione di modelli matematici rispetto a un linguaggio orientato ai problemi. Uno dei primi linguaggi di modellazione è stato il GPSS (General purpose simulation system), sviluppato da IBM all'inizio degli anni '60. Tra i linguaggi più popolari che sono seguiti vi sono DYNAMO, SLAM, SIMSCRIPT, GASP, MODEL e IFPS.

⇒ **Linguaggio ad altissimo livello**: Il termine linguaggio ad altissimo livello è spesso usato per descrivere un linguaggio di programmazione, come l'APL, che offre una sinteticità e una potenza superiori a quelle dei linguaggi convenzionali.

37

⇒ **Generatori di grafici**: Un generatore di grafici, chiamato anche pacchetto grafico, viene utilizzato per visualizzare o stampare i dati in una varietà di forme grafiche.

⇒ **Scrittori di rapporti**: Un report writer è progettato specificamente per preparare i report. Il primo esempio è stato l'RPG (Report program generator). COBOL ha una funzione di report writer, così come la maggior parte dei sistemi di gestione dei database.

⇒ **Generatori di applicazioni**: Un generatore di applicazioni produce un programma applicativo, come l'inventario o il libro paga, senza bisogno di programmazione, come ad esempio MANTIS e MARKV.

⇒ Vengono illustrati brevemente alcuni popolari linguaggi di programmazione di terza e quarta generazione.

⇒ **BASIC:** BASIC è l'acronimo di Beginners' All purpose symbolic instruction code. Programma sviluppato al Dartmouth College nel 1964 da John Kemeny e Thomas Kurtz. Di solito è il primo linguaggio informatico che i programmatori alle prime armi imparano. Il BASIC è un linguaggio orientato alle procedure e di uso generale, ampiamente utilizzato per applicazioni commerciali e scientifiche. È flessibile e facile da imparare, ma non è portabile.

⇒ **FORTAN**: FORTAN è l'acronimo di Formula Translation. Il programma è stato sviluppato da IBM a metà degli anni Cinquanta. Come il BASIC, FORTAN è un linguaggio di uso generale, orientato alle procedure. È ampiamente utilizzato per applicazioni scientifiche e ingegneristiche e per il calcolo dei numeri. Un gran numero di linguaggi sviluppati dopo il FORTAN sono stati influenzati dalla sua struttura, ma mancano di flessibilità nelle operazioni di input/output.

⇒ **COBOL**: COBOL è l'acronimo di Common Business Oriented Language. Il programma è stato sviluppato al Pentagono nel 1959, come prodotto di uno sforzo congiunto del governo federale e dell'industria informatica. Il COBOL è un linguaggio dominante nel mondo degli affari e molte industrie utilizzano migliaia di linee di codice scritte in COBOL. È facile da imparare e ha una struttura simile all'inglese. È eccellente per l'elaborazione di file di dati di grandi dimensioni e per l'esecuzione di compiti ripetitivi.

⇒ **PASCAL**: PASCAL è stato sviluppato da Niklaus Wirth dell'Istituto federale di tecnologia di Zurigo, in Svizzera, nel 1968 e prende il nome dal matematico francese del XVII secolo Blaise Pascal. PASCAL è ampiamente utilizzato per applicazioni aziendali e scientifiche. Il linguaggio è facile da imparare e consente al programmatore di strutturare i problemi di programmazione.

⇒ **Linguaggio C**: Si chiama C perché è un miglioramento di un altro linguaggio chiamato B, sviluppato presso gli AT &T Bell Labs all'inizio degli anni '70. Il C è stato sviluppato da Brian Kerninghan e Dennis Ritchie. È strettamente associato al sistema UNIX, poiché il linguaggio è stato sviluppato su UNIX. Sebbene UNIX sia stato inizialmente scritto in linguaggio assembly, Dennis Ritchie ha successivamente riscritto UNIX in C. In breve tempo il C è diventato un linguaggio estremamente popolare ed è ora ampiamente utilizzato nelle applicazioni di sviluppo di sistemi e per usi commerciali.

4.2.1. Programmazione orientata agli oggetti

⇒ La programmazione orientata agli oggetti, abbreviata in OOP, è un linguaggio di programmazione che migliora la produttività dei programmatori e riduce i tempi di sviluppo del software. Nell'OOP i sistemi vengono modellati utilizzando pezzi di programmazione e dati chiamati oggetti. Ogni oggetto include codice di programmazione che specifica come deve comportarsi, come deve manipolare i dati, rispondere ai messaggi di altri oggetti e inviare messaggi propri.

⇒ Un vantaggio significativo dell'OOP è la riutilizzabilità del codice, vale a dire che lo stesso pezzo di codice può essere utilizzato per applicazioni diverse. Oggi la riusabilità del codice è diventata non solo auspicabile, ma anche essenziale in molti ambienti di sviluppo software. Si stima che metà del codice necessario per la maggior parte delle applicazioni esista già e che tra il 40% e il 60% di tutto il nuovo codice possa provenire da librerie di componenti riutilizzabili. Inoltre, l'OOP riduce la quantità di test necessari. Il software OOP è più facile da aggiornare perché alcuni aspetti di un oggetto devono essere modificati spesso.

4.2.2. Programmazione visiva:

⇒ La programmazione visuale facilita agli utenti la visualizzazione del loro codice e del suo impatto sul sistema. Il programma consente all'utente di scaricare i prezzi pubblicizzati dai concorrenti da un database esterno. Quindi confronta i prezzi dei concorrenti con quelli dell'organizzazione dell'utente e visualizza graficamente il confronto dei prezzi.

⇒ Microsoft ha sviluppato il Visual BASIC, progettato per consentire agli utenti di integrare le applicazioni Microsoft Windows. Questa funzione può ridurre i tempi di sviluppo di molte applicazioni. Visual BASIC funge da linguaggio macro comune per Access, Power Point, Word ed Excel.

4.3. CLASSIFICAZIONE DEL SOFTWARE:
Sono disponibili due tipi di software per computer:
- ⇒ **Software di sistema**
- ⇒ **Software applicativo**

4.3.1. Software di sistema

Esistono tre tipi fondamentali di software di sistema:
- ⇒ Software di controllo del sistema
- ⇒ Software di supporto del sistema
- ⇒ Software di sviluppo del sistema.
- ⇒ **Software di controllo del sistema**: Il software di controllo del sistema aiuta a monitorare, controllare, coordinare e gestire le risorse e le funzioni

39

di un sistema informatico. Il software di controllo del sistema può essere classificato in due categorie:-
- ■ Il sistema operativo e le sue funzioni
- ■ Ambienti di sistema operativo.

Sistema operativo e sue funzioni: Il sistema operativo gestisce i processi del computer, fungendo da interfaccia tra l'utente, il software che elabora i dati dell'azienda e l'hardware. Le principali funzioni di un sistema operativo includono:

- Aiutare una CPU a gestire o controllare le operazioni interne del computer.
- Facilitazione delle comunicazioni tra un utente e una CPU
- Consente alla CPU di comunicare con altre periferiche.
- Automatizzazione di alcune funzioni del programma per aumentare l'efficienza operativa di un sistema informatico nel suo complesso.
- Altre sei funzioni di base che un sistema operativo può svolgere sono:
  - Programmare i lavori
  - Gestire le risorse hardware e software
  - Mantenere la sicurezza del sistema
  - Abilitare la condivisione delle risorse da parte di più utenti
  - Gestire gli interrupt
- Mantenere i registri di utilizzo

Ambiente del sistema operativo: Esistono due tipi di ambienti di sistema operativo:

- **Multiprogrammazione:** È un ambiente informatico in cui più utenti possono eseguire contemporaneamente più programmi su un computer con una sola CPU. La CPU passa da un programma all'altro, ma in ogni momento sta eseguendo un solo programma.
- **Multiprocessing:** è un sistema che dispone di una serie di processori che elaborano dati e istruzioni, a differenza dei sistemi che dispongono di una sola CPU. È ideale per operazioni complesse e ad alta intensità di calcolo che richiedono un'elaborazione estesa.

Software di supporto del sistema: I programmi che supportano l'esecuzione regolare di vari programmi e operazioni di un computer sono chiamati software di supporto del sistema. Il software di supporto del sistema comprende programmi di utilità, software di servizi di programmazione, sistemi di gestione di database, software di sicurezza e documentazione di sistema.

❖ **Programmi di utilità**
  Questi sono tra i tipi più popolari di software di supporto al sistema. Eseguono operazioni quali la formattazione dei dischi, l'individuazione dello spazio libero su un disco, il recupero di file persi o danneggiati, l'ordinamento e l'unione dei dati, la conversione dei file da un formato all'altro, il backup dei file importanti e la fornitura di assistenza online.

❖ **Servizi di programmazione software**

Include
- Traduttori di lingua
- Caricatori di sistema
- Link editoriali,
- Bibliotecari di sistema.

❖ **Sistema di gestione dei database**
È un insieme di programmi informatici che consente all'utente di definire, creare, accedere, manipolare e produrre le informazioni contenute nei record memorizzati in un database.

❖ **Software di sicurezza**
Protegge un sistema informatico e i suoi file da accessi non autorizzati. Esempi di software di sicurezza
- Programmi con password
- Programmi di protezione dei file
- Software di crittografia.

❖ **Documentazione del sistema**
Include manuali, diagrammi di flusso, riferimenti, guide e altre istruzioni operative.

⇒ **Software di sviluppo del sistema:**
Aiuta a progettare e costruire sistemi migliori, ad esempio un insieme di programmi che assistono gli sviluppatori nello sviluppo di un sistema informativo, chiamato anche computer aided software engineering (CASE).

4.3.2. Software applicativo:

Il software applicativo aiuta a gestire le risorse fisiche e concettuali dell'organizzazione.

Esistono due tipi di software applicativo:

⇒ Software di uso generale

⇒ Software dedicato

⇒ **Software di uso generale**: è progettato per applicazioni generali come il libro paga, la gestione dell'inventario e la contabilità. I software dedicati sono progettati per applicazioni specifiche come lo Space Shuttle.

⇒ **Software dedicato:** comprende applicazioni specializzate o personalizzate progettate per scopi specifici. Ad esempio, i software per la logistica aiutano le aziende a gestire il flusso di beni e servizi da una sede all'altra, al fine di ridurre i costi, minimizzare le scorte e diminuire il tempo necessario affinché i beni, i servizi o le informazioni arrivino a destinazione.

4.4. RUOLO DEL SOFTWARE NELLA RISOLUZIONE DEI PROBLEMI

⇒ Il software può svolgere un ruolo diretto o indiretto nella risoluzione dei problemi.

Il software di sistema svolge sempre un ruolo indiretto.

⇒ D'altra parte, il software applicativo può svolgere un ruolo diretto o indiretto.

⇒ La maggior parte dei pacchetti generali per le aziende e i settori specifici sono progettati per svolgere un ruolo indiretto, creando e mantenendo il database che fornisce la base per i sottosistemi orientati alle informazioni.

⇒ Alcuni pacchetti specifici per il settore vanno oltre l'elaborazione dei dati, fornendo componenti che contribuiscono direttamente alla risoluzione dei problemi.

⇒ Alcuni software di produttività organizzativa e personale influiscono solo indirettamente sulla risoluzione dei problemi, semplificando la creazione e la trasmissione dei dati.

⇒ Altri software di produttività, come i fogli elettronici, i pacchetti di gestione dei progetti, di previsione e di analisi statistica, forniscono un supporto diretto.

4.5. CRITERI PER GLI INVESTIMENTI IN HARDWARE E SOFTWARE

Gli investimenti in sistemi e tecnologie informatiche comprendono l'acquisizione di hardware, software, reti e altri sistemi e tecnologie informatici. Per criteri di investimento si intendono gli standard che un'organizzazione utilizza per prendere decisioni di investimento in ambito informatico. La tabella elenca alcuni criteri che le organizzazioni utilizzano per prendere decisioni di investimento in sistemi informativi e tecnologie informatiche e il grado di utilizzo di ciascun criterio.

Tabella: Criteri di investimento utilizzati nelle organizzazioni per l'acquisto di hardware:

Criteria	Percentage of companies using criteria
Financial criteria	
Discounted cash flow (DCF)	
1. Net present value	49
2. Internal rate of return	54
3. Profitability index method	8
Other financial	

42

4. Average/accounting rate or return 16
5. Payback method 61
6. Budgetary constraints 68

Management criteria

7. Support of explicit business objectives 88
8. Support of implicit business objectives 69
9. Response to competitive systems 61
10. Support for management decision making 88
11. Probability of achieving benefits 46
12. Legal/Government requirements 71

Development criteria

13. Technical/system requirement 79
14. Introduce/ learn new technology 60
15. Probability of project completion 31

43

CAPITOLO 5 : SISTEMA DI COMUNICAZIONE DATI

5.1. INTRODUZIONE

La comunicazione di dati è il movimento di dati e informazioni da un punto a un altro punto per mezzo di dispositivi elettrici o elettromagnetici, cavi a fibre ottiche o segnali a microonde.

5.2. SISTEMA DI TELECOMUNICAZIONI

Il sistema di telecomunicazioni ha cinque componenti. Questi sono
1. **Mittente**: - dispositivi di input.
2. **Canale e media**: caratteristiche del canale.
   - Velocità di trasmissione.
   - Modalità di trasmissione.
   - Direzione di trasmissione

Media
   - Limitato.
   - Senza limiti.
3. **Hardware**: -
   - Computer host,
   - Processore front-end,
   - Modem,
   - Multiplexer,
   - Interruttore.
   - Ponte
   - Porta d'ingresso
   - Autobus.
4. **Software**:-
   - Controllo degli accessi.
   - Controllo della trasmissione.
   - Controllo e gestione della rete.
   - Rilevamento e correzione degli errori.
   - Sicurezza di rete.
5. **Ricevitore**: - Dispositivi di uscita.

5.2.1. Canali di telecomunicazione

Un canale di comunicazione dati è un percorso attraverso un mezzo che i dati possono percorrere dalle stazioni di invio alle stazioni di ricezione.
Le caratteristiche dei canali sono:

- **Velocità di trasmissione: -**
  È la capacità di un canale di telecomunicazione che dipende dalla larghezza di banda. Maggiore è la larghezza di banda, maggiore è la quantità di informazioni trasmesse sul canale. Esistono tre tipi di larghezza di banda
  - ✓ Banda vocale (da 300 bps a 9600 bps),
  - ✓ Banda media (da 9600bps a 256000bps).
  - ✓ Banda larga (256000bps a un numero molto elevato).
- **Modalità di trasmissione:-** Esistono due tipi di modalità di trasmissione
  - ✓ **Sincrono:** in questa trasmissione un gruppo di caratteri viene trasmesso alla volta.
  - ✓ **Asincrono:** - In questa trasmissione viene trasmesso un carattere alla volta.
- **Direzione di trasmissione:** è la direzione di trasmissione dei dati. Esistono tre tipi di direzione:
  - ✓ **Simplex:** - In questa direzione i dispositivi di comunicazione dati possono inviare o ricevere dati, ma non possono fare entrambe le cose.
  - ✓ **Half duplex:** - In questo caso due dispositivi inviano o ricevono dati, ma non contemporaneamente.
  - ✓ **Full duplex:** - In questo caso due dispositivi inviano o ricevono dati alla volta.

5.2.2. Media di telecomunicazione

Esistono due tipi di supporti su cui vengono trasmessi i dati.
- **Mezzi confinati: i** segnali sono confinati nel mezzo. Ex: cavo a coppie intrecciate, cavi a fibre ottiche, cavo coassiale.
- **Media non vincolati: il** segnale non è limitato al mezzo. Ex microonde.

5.3. HARDWARE PER LA COMUNICAZIONE DATI
- ➤ **Computer host:** l'host esegue l'elaborazione dei dati per la rete. I messaggi in arrivo vengono gestiti come i dati ricevuti da qualsiasi altro tipo di unità di input. Dopo l'elaborazione, i messaggi possono essere ritrasmessi al processore front-end per l'instradamento.
- ➤ **Processore front-end: il** processore front-end è un minicomputer che funge da buffer tra il dispositivo client e il computer host. Aumenta l'efficienza operativa della rete occupandosi di compiti di routine come il coordinamento delle

periferiche e la garanzia di una trasmissione priva di errori.

> **Modem**: sta per modulatore-demodulatore. Viene utilizzato per convertire i segnali digitali in segnali analogici e viceversa.

> **Multiplexer:** è un dispositivo che consente l'invio e la ricezione simultanea di più messaggi su un canale di segnale. Un multiplexer raccoglie i segnali provenienti da diversi terminali e li trasmette su un unico canale.

> **Switch:** è un dispositivo che determina il percorso di trasmissione dei dati. Gli switch possono controllare il percorso di trasmissione su reti nazionali o locali.

> **Ponte e gateway**
  - Un **bridge** è un dispositivo che separa due o più segmenti di rete in una rete logica (ad esempio una singola sottorete IP). Un bridge viene solitamente collocato tra due gruppi separati di computer che parlano tra loro, ma non con i computer dell'altro gruppo.
  - Un **gateway** è un nodo (un router) di una rete TCP/IP che funge da punto di accesso a un'altra rete. Un gateway predefinito è il nodo della rete di computer che il software di rete utilizza quando un indirizzo IP non corrisponde a nessun altro percorso nella tabella di routing.

> **Bus: -** Insieme di fili attraverso i quali i dati vengono trasmessi da una parte all'altra di un computer.

5.4. SOFTWARE DI COMUNICAZIONE DATI

> Il software consente a tutte le unità hardware di comunicazione dati di funzionare come un unico sistema. La maggior parte del software si trova nell'host e nel processore front-end, ma alcuni possono trovarsi nelle unità di controllo del cluster e nei terminali.

> È necessario che il software di comunicazione interfacci i programmi applicativi dell'utente con il metodo di accesso selezionato per controllare la rete, tenendo conto che i metodi di accesso alle telecomunicazioni sono essi stessi una sorta di programmi di controllo.

> I vari tipi di software per computer sono:
  ✓ **Software di controllo degli accessi:** Questo software stabilisce l'accesso tra i diversi dispositivi, terminali e computer della rete e controlla la modalità, la velocità e la direzione di trasmissione. Ne esistono due tipi:- 1.centralizzato.2.decentralizzato.
  ✓ **Software di controllo dei terminali**: Questo software controlla la trasmissione dei dati sulla rete.
  ✓ **Software di emulazione di terminale:** Questo software consente a un microcomputer di comportarsi come un terminale specifico quando interagisce con un mainframe.
  ✓ **Software di controllo della rete:** Il software coordina e gestisce l'intero funzionamento della rete. Stabilisce la priorità dei dati in attesa di essere trasmessi, controlla eventuali errori di trasmissione, instrada i messaggi e

mantiene le statistiche del sistema utilizzato.

✓ **Software di correzione e rilevamento degli errori:** assicura che gli errori, causati da qualsiasi altro problema, vengano rilevati e collegati.

✓ **Software di sicurezza:** Il software impedisce l'accesso non autorizzato ai dati e monitora l'uso della rete.

5.5. RETI DI COMUNICAZIONE

Esistono cinque tipi di reti di comunicazione:

1. **Centralini privati (PBX)**
2. **Reti digitali a servizi integrati (ISDN)**
3. **Reti locali (LAN)**
4. **Reti geografiche (WAN)**
5. **Reti a valore aggiunto (VAN)**

5.5.1. Centralini privati (PBX)

➤ Il PBX (private branch exchange) è un sistema telefonico all'interno di un'azienda che smista le chiamate tra gli utenti dell'azienda su linee locali, consentendo a tutti gli utenti di condividere un certo numero di linee telefoniche esterne.

➤ Lo scopo principale di un centralino è quello di risparmiare il costo di una linea per ogni utente verso la centrale della compagnia telefonica.

➤ Il PBX è di proprietà e gestito dall'azienda piuttosto che dalla compagnia telefonica (che può essere un fornitore o un service provider).

➤ Le centrali telefoniche private utilizzavano inizialmente la tecnologia analogica.

➤ Oggi i centralini utilizzano la tecnologia digitale (i segnali digitali vengono convertiti in analogici per le chiamate esterne sulla rete locale utilizzando il vecchio servizio telefonico (POTS)).

➤ Un PBX comprende:

• Linee telefoniche (multiple) che terminano al PBX

• Un computer dotato di memoria che gestisce la commutazione delle chiamate all'interno del PBX e in entrata e in uscita da esso.

• La rete di linee all'interno del PBX.

• Una console o un centralino per un operatore umano (opzionale)

5.5.2. Reti digitali a servizi integrati (ISDN):

➤ L'ISDN è una rete di comunicazione digitale che utilizza la rete telefonica pubblica e consente agli utenti di trasmettere dati, voce, testo e video in forma digitale attraverso le linee telefoniche. Per questo motivo viene definita una rete digitale.

➤ Elimina la necessità di un modem per convertire i segnali analogici in segnali digitali e viceversa.

> Non richiede alcun ricablaggio. Utilizza cavi coassiali o in fibra ottica,

> Promuove l'uniformità e la standardizzazione attraverso un insieme di interfacce standard.

> L'elemento di base dell'ISDN è un canale a 64 kbps (migliaia di bit al secondo), detto canale B.

> Ogni canale B viene utilizzato per trasmettere le informazioni dell'utente.

> Un altro canale, chiamato canale D, trasporta informazioni di segnalazione e controllo utilizzate per avviare, reindirizzare o terminare le cellule.

> L'ISDN funziona fondamentalmente in base a cinque principi:

    ✓ Apertura;

    ✓ Modularità;

    ✓ Intelligenza basata sulla comunicazione;

    ✓ Gestione e controllo della rete;

    ✓ Prodotti e servizi integrati;

- **Apertura:** Significa che tutti i prodotti ISDN saranno standardizzati. Questo porta ordine e uniformità nel complesso compito di sviluppare una rete.

— **Modularità:** Consente all'organizzazione di aggiornare o sostituire qualsiasi parte della rete senza sostituire l'intera rete.

— **Intelligenza basata sulla comunicazione:** Fornisce agli utenti un modo per configurare le connessioni di rete in base alle loro esigenze.

— **Gestione e controllo delle reti:** È uno dei compiti complessi e impegnativi che i responsabili dei sistemi informativi devono affrontare.

— **Prodotti e servizi integrati:** Consente l'uso di un'ampia varietà di prodotti e servizi sulla rete, come la rete vocale, la rete dati, le teleconferenze, ecc. La recente rete di prenotazione ferroviaria comupterizzata in tutto il Paese è uno degli esempi di ISDN.

5.5.3. Reti locali (LANS)

> Una rete locale (LAN) è un gruppo di computer e dispositivi associati che condividono una linea di comunicazione comune o un collegamento wireless.

> Si tratta di dispositivi connessi che condividono le risorse di un singolo processore o server all'interno di una piccola area geografica (ad esempio, all'interno di un edificio per uffici).

> Il server dispone di applicazioni e archiviazione dati condivisi da più utenti.

> Una rete locale può servire solo due o tre utenti (ad esempio, una rete domestica) o migliaia di utenti (ad esempio, una rete FDDI).

> Le principali tecnologie di rete locale sono: Ethernet, Token Ring e FDDI.

> Ethernet è la tecnologia LAN più utilizzata.

> Numerose aziende utilizzano la tecnologia Token Ring.

> L'FDDI viene talvolta utilizzato come backbone LAN per interconnettere LAN

Ethernet o Token Ring.

> Un'altra tecnologia LAN, ARCNET, un tempo la più comunemente installata, è ancora utilizzata nel settore dell'automazione industriale.
> Sul server LAN è possibile mantenere una suite di programmi applicativi.
> Gli utenti che hanno bisogno di un'applicazione frequentemente possono scaricarla una volta e poi eseguirla dal disco rigido locale.
> Gli utenti possono ordinare la stampa e altri servizi a seconda delle necessità attraverso applicazioni eseguite sul server LAN.
> Un utente può condividere i file con altri utenti sul server LAN; l'accesso in lettura e scrittura è gestito da un amministratore della LAN.
> Un server LAN può essere utilizzato anche come server Web, a condizione che vengano adottate misure di sicurezza per proteggere le applicazioni e i dati interni dall'accesso esterno.

5.5.4. Reti geografiche (WANS)

> Si tratta di un insieme di computer e risorse di rete collegati in rete in un'area geografica.
> Le reti ad ampio raggio sono comunemente collegate tramite Internet o tramite accordi speciali stipulati con le compagnie telefoniche o altri fornitori di servizi.

> Una WAN è diversa da una MAN a causa della distanza tra le reti. In una WAN, una rete può trovarsi a diverse centinaia di chilometri di distanza, o all'altro capo del mondo, in un paese diverso.
> Esistono diversi tipi di configurazione di una WAN: selezione diretta a distanza (DDD), linee telefoniche Wide Area Service (WATS), linee affittate e satelliti.
> Esempio: reti bancarie, sistemi di prenotazione aerea e ferroviaria.

5.5.5. Reti a valore aggiunto (VANS)

> Le reti pubbliche di dati che aggiungono valore ai servizi di comunicazione di base forniti dai vettori comuni offrendo servizi specializzati sono definite reti a valore aggiunto.
> I servizi specializzati comprendono l'accesso a database e software commerciali, la correzione di errori di trasmissione, la compatibilità tra computer e terminali incompatibili, la posta elettronica e le videoconferenze.
> L'abbonato a un servizio VAN paga un canone mensile a seconda del livello di utilizzo.

5.6. SISTEMI DISTRIBUITI

> Quando i piccoli computer sono diventati popolari, le organizzazioni hanno cambiato strategia e hanno iniziato a distribuire i mini e micro computer in tutta

l'organizzazione. Quando questi sistemi sono interconnessi, la tecnica è nota come sistemi distribuiti.

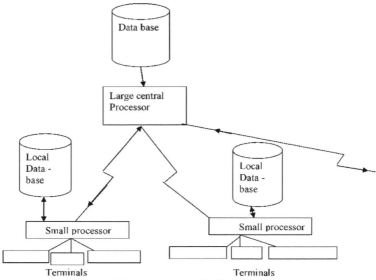

Figura: Elaborazione distribuita dei dati

➢ Esistono numerose varianti di sistemi distribuiti che dipendono dalla distribuzione dell'hardware e dei dati:

  • Sistema informatico separato in ogni sede
  - Ogni sistema ha i propri dati
  - I sistemi condividono i dati
  - I sistemi condividono i dati gestiti da un computer designato.

  • Computer centrale con
  - Dispositivi in altre sedi collegati al computer centrale
  - Attrezzature per la preparazione e l'inserimento dei dati in altre sedi.

➢ Quando computer fisicamente separati sono interconnessi attraverso strutture di comunicazione, la configurazione è chiamata informatica distribuita.

➢ In alternativa, può esserci una struttura ad anello di minicomputer di pari potenza e senza un grande processore centrale. Ogni minicomputer esegue l'elaborazione locale e accede ai dati dalle altre postazioni secondo le necessità.

➢ Il modo in cui viene configurato un sistema di elaborazione distribuito dipende solitamente dalle esigenze dell'applicazione.

➢ Vantaggi dell'informatica distribuita rispetto a quella centralizzata. Poiché la maggior parte dell'elaborazione viene eseguita sul posto, i costi di comunicazione

possono essere notevolmente ridotti.
> Inoltre, se un processore non funziona, la sua elaborazione può essere spostata su altri processori, con un disturbo minimo per l'intero sistema.

5.6. TOPOLOGIA DELLA RETE DI COMPUTER

> La topologia è una descrizione solitamente schematica della disposizione di una rete, compresi i nodi e le linee di collegamento.
> Esistono due modi per definire la geometria della rete: la topologia fisica e la topologia logica (o dei segnali).
> La topologia fisica di una rete è l'effettiva disposizione geometrica delle postazioni di lavoro.
> Esistono diverse topologie fisiche comuni:

Topologia a bus:
Nella topologia di rete a bus, ogni stazione di lavoro è collegata a un cavo principale chiamato bus. Pertanto, ogni stazione di lavoro è direttamente collegata a tutte le altre stazioni di lavoro della rete.

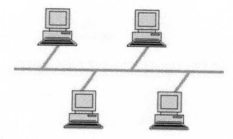

Topologia a stella:
Nella topologia di rete a stella, c'è un computer centrale o un server a cui sono collegate direttamente tutte le postazioni di lavoro. Ogni stazione di lavoro è collegata indirettamente a tutte le altre attraverso il computer centrale, chiamato hub.

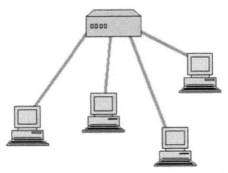

Topologia ad anello: Nella topologia di rete ad anello, le stazioni di lavoro sono collegate in una configurazione ad anello chiuso. Le coppie di stazioni di lavoro adiacenti sono collegate direttamente. Altre coppie di workstation sono collegate indirettamente, con i dati che passano attraverso uno o più nodi intermedi. Se si utilizza un protocollo Token Ring in una topologia a stella o ad anello, il segnale viaggia in una sola direzione.

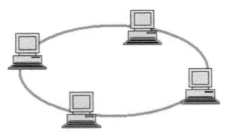

Topologia a maglie: La topologia di rete a maglie impiega due schemi, detti a maglie piene e a maglie parziali. Nella topologia full mesh, ogni stazione di lavoro è collegata direttamente a tutte le altre. Nella topologia a maglia parziale, alcune postazioni sono collegate a tutte le altre, mentre altre sono collegate solo ai nodi con cui scambiano più dati.

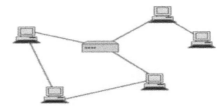

Topologia ad albero: La topologia di rete ad albero utilizza due o più reti a stella collegate tra loro. I computer centrali delle reti a stella sono collegati a un bus principale. Pertanto, una rete ad albero è una rete a bus di reti a stella.

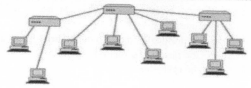

5.7. PROTOCOLLI E ARCHITETTURA DI RETE

❖ **Protocollo**
> Quando due dispositivi comunicano, deve esistere un accordo sul significato delle informazioni di controllo inviate con i dati e un accordo sul confezionamento delle informazioni di controllo e dei dati.
> I protocolli sono quindi le regole e i formati che garantiscono una comunicazione elettronica efficiente e priva di errori.
> Un protocollo ha tre componenti principali: un insieme di caratteri che hanno lo stesso significato per il mittente e per il destinatario, un insieme di regole per la temporizzazione e la sequenza dei messaggi e un insieme di metodi per rilevare e correggere gli errori.
> Alcuni dei protocolli più diffusi sono TCP/IP, Systems Network Architecture, System Application Architecture (SAA), XMODEM, YMODEM e Kermit.

❖ **Architettura di rete**
> L'architettura di rete è un insieme di standard, o protocolli, per l'hardware e il software delle telecomunicazioni.
> L'obiettivo è massimizzare la modularità, la facilità d'uso, l'affidabilità e la facilità di manutenzione della rete.
> Deve stabilire degli standard per tutti i suoi elementi, l'hardware, il software e l'interfaccia utente.

> Il protocollo di gestione della rete semplice è un'architettura di rete molto diffusa.

5.8. INTERCONNESSIONE DEL SISTEMA APERTO (OSI)
> Il problema dell'incompatibilità tra i prodotti per la comunicazione dei dati ha interessato gli utenti di tutto il mondo e nel 1978 l'organizzazione internazionale per gli standard ha sviluppato un sistema di protocolli di rete e lo ha chiamato modello OSI.
> Si tratta di un modello che consente a due computer diversi di comunicare tra loro senza dover prestare attenzione alla loro architettura.
> Lo scopo di questo modello è quello di aprire la comunicazione tra sistemi non

correlati. Ciò significa che il modello OSI consente la comunicazione tra due computer diversi senza richiedere modifiche alla logica dell'hardware e del software utilizzati nei computer.

- ➢ Il modello OSI non è un protocollo, ma un modello per comprendere e progettare l'architettura di rete, cioè flessibile o robusta.
- ➢ I sette livelli del modello OSI sono:-
  - ■ Livello fisico
  - ■ Livello di collegamento dati
  - ■ Livello di rete
  - ■ Livello di trasporto
  - ■ Livello di sessione
  - ■ Livello di presentazione
  - ■ Livello applicazione
- — **Livello fisico:** Trasmette i dati da un nodo a un altro nodo.
- — **Livello di collegamento dati:** Formatta i dati in un record chiamato frame ed esegue il rilevamento degli errori.
- — **Livello di rete:** Fa sì che il livello fisico trasferisca i frame da nodo a nodo.
- — **Livello di trasporto:** Consente ai nodi utente e host di comunicare tra loro. Inoltre, sincronizza le apparecchiature veloci e lente, nonché le unità sovraccariche e quelle inattive.
- — **Livello di sessione:** Inizia, mantiene e termina ogni sessione. Una sessione è costituita da tutti i fotogrammi che compongono una particolare attività, oltre ai segnali che ne identificano l'inizio e la fine. Una sessione è come una telefonata che inizia con "ciao" e termina con "arrivederci". Per avviare le sessioni di comunicazione dati si utilizzano le routine standard di accesso e di identificazione dell'utente.
- — **Livello di presentazione:** Formatta i dati per la presentazione all'utente o all'host.
- — **Livello applicativo:** Controlla l'input dell'utente dai terminali ed esegue il programma applicativo dell'utente nell'host.
- ➢ I tre strati inferiori sono presenti in tutti i nodi, mentre i quattro strati superiori sono presenti solo nei nodi host e utente.
- ➢ Il livello 1 è l'unico livello che esiste fisicamente.
- ➢ Gli altri livelli utilizzano il livello fisico per la trasmissione dei loro segnali.

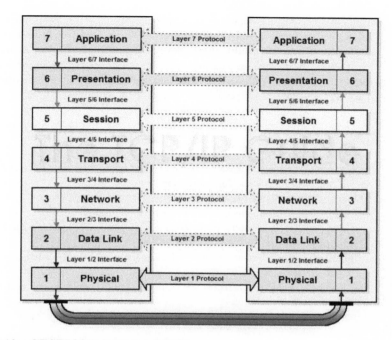

5.10. GESTIONE DELLA RETE:

Le reti sono il sistema nervoso delle operazioni delle organizzazioni e un guasto può costare corone di rupie ogni minuto se la rete è fuori servizio. La gestione della rete mira a ridurre l'opportunità di guasti alla rete, principalmente attraverso la **pianificazione e il controllo**.

➢ **Pianificazione della rete**

Consiste in tutte le attività volte ad anticipare le esigenze di rete dell'organizzazione. Comprende tre componenti principali: **pianificazione** della capacità, **pianificazione del personale e monitoraggio delle prestazioni.**

■ **Pianificazione della capacità**: analizza e pianifica i volumi di traffico che la rete può gestire.

■ **Pianificazione del personale**: Contribuisce a determinare il numero di persone necessarie per la gestione di un'azienda.
rete e il livello di competenza richiesto.

■ **Monitoraggio delle prestazioni**: Comprende l'analisi dei tempi di risposta per un determinato livello di traffico, per anticipare gli effetti di potenziali cambiamenti nelle prestazioni della rete.

➢ **Controllo della rete**

Comporta il monitoraggio quotidiano della rete per garantire il mantenimento del livello di operatività desiderato. Comprende procedure quali il rilevamento dei guasti, l'isolamento dei guasti e il ripristino della rete. I sistemi di controllo della rete ideali avvisano l'operatore di guasti alla rete o di guasti operativi, identificano i componenti in difficoltà e aiutano a correggere il problema. Per ottenere e mantenere il controllo della rete, l'organizzazione ha bisogno di standard operativi, strategie di progettazione, procedure di controllo dei guasti e metodologie di risoluzione dei problemi. Questi elementi di controllo devono essere aggiornati in base ai cambiamenti della tecnologia informatica, della rete o dell'organizzazione.

> **Responsabile di rete**

È responsabile della pianificazione, dell'implementazione e del controllo della rete di comunicazione dati dell'organizzazione.

Le funzioni principali della gestione della rete sono:

— Stabilire linee di comunicazione tra i diversi amministratori di rete.

— Sviluppare standard in tutta l'organizzazione per l'utilizzo delle risorse e delle applicazioni di rete.

— Stabilire politiche di sicurezza aziendali che garantiscano che:(a) i dati critici o proprietari siano ben protetti;(b) la configurazione della rete sia accuratamente documentata,(c) distribuita a tutti i manager di rete,(d) aggiornata frequentemente.

— Stabilire procedure di backup per tutti i dati aziendali e applicare rigorosamente le politiche di backup.

— Eliminare o almeno ridurre le ridondanze nelle banche dati dell'azienda.

> **Scambio elettronico di dati (EDI)**

Si tratta di uno scambio diretto di dati da computer a computer attraverso una rete di telecomunicazioni, eliminando così la necessità di riscrivere i dati. Sebbene l'EDI esista da molto tempo, negli ultimi anni molte organizzazioni lo stanno utilizzando come metodo per ridurre gli errori di elaborazione e tagliare i costi operativi. I costi associati all'EDI sono il software, l'hardware, le modifiche al VAN, l'interfaccia software, la manutenzione del programma e la reingegnerizzazione dei processi. L'EDI è una tecnologia potente perché può creare partnership significative e sostituire le burocrazie lente con organizzazioni reattive.

CAPITOLO 6 : TECNOLOGIA DI GESTIONE DEI DATABASE

6.1. INTRODUZIONE

Database: È **una** raccolta integrata di dati organizzati logicamente per gestire un'organizzazione. Include dati transitori come documenti di input, rapporti e risultati ottenuti durante l'elaborazione.

6.2. DATI E INFORMAZIONI

- **Dati:** I dati sono informazioni distinte. Sono formattati in modo speciale. Tutto il software si divide in due categorie generali: *dati* e *programmi*. I programmi sono raccolte di istruzioni per la manipolazione dei dati. I dati possono esistere in una varietà di forme, come numeri o testo su pezzi di carta, come bit e byte memorizzati nella memoria elettronica.

- **Informazioni:** Quando i dati vengono elaborati, diventano informazioni solo quando vengono presentati al decisore in modo significativo.

6.3. GERARCHIA DEI DATI

- I dati in un sistema informatico sono organizzati in una gerarchia nota come catena gerarchica dei dati. La gerarchia è composta in ordine crescente da bit, byte, campi, record, file e database.

- Quindi un database è composto da record, i record sono costituiti da campi, i campi contengono byte e i byte sono costituiti da bit.

- ➤ **Bit:** un bit è un valore che rappresenta la presenza o l'assenza di un segnale elettronico ed è rappresentato come un 1 o uno 0.

- ➤ **Byte:** Otto bit costituiscono un byte e un byte è necessario per rappresentare un carattere (numero, alfabetico e così via) in un computer.

Es: Per rappresentare il nome Pragya in un computer sono necessari sei byte. Poiché ogni carattere viene rappresentato utilizzando 8 bit, il nome Pragya richiede 48 bit.

- ➤ **Campo:** Un gruppo significativo di caratteri o byte viene definito campo. Ad esempio, il cognome, il nome e il numero di telefono di Pragya sono 3 campi.

- ➤ **Record: un** gruppo di campi interconnessi è chiamato record. Ad esempio, il cognome, il nome e il numero di telefono di Pragya, il numero di identità e l'indirizzo di casa possono costituire un record.

- ➤ **File:** è una raccolta di record correlati tra loro.

- ➤ **Database:** È **un** archivio integrato di dati logicamente correlati che facilita l'accesso e l'elaborazione dei dati.

Credit Card Database

Database			
	Personal Data File	Credit History File	Transaction Data File

File					
	Last Name	First Name	Address	Phone	Social Security No.
	Gupta	Udit	188A/238 Lake gardens Calcutta-700045	033-4177861	19-00003466

Record					
	Gupta	Udit	188A/238 Lake Gardens Calcutta-700045	033-4177861	19-00003466

Field
Gupta (Last name)
Udit (First name)
188A/238, Lake gardens, Calcutta-700045(Address)
033-4177861(phone no.)
19-00003466 (Social security no.)

Byte

U	d	i	t

Bit   0 or 1

Figura: Gerarchia di database per una società di carte di credito

6.4. METODI DI ORGANIZZAZIONE DEI DATI IN FILE

Sono disponibili diversi metodi per organizzare i dati in file. La scelta del metodo si basa su fattori quali i supporti di memorizzazione, i metodi di accesso, le tecniche di elaborazione, ecc. Esistono tre tipi di metodi per organizzare i dati nei file. Questi sono:

1. Organizzazione sequenziale dei file.
2. Organizzazione dei file indicizzati-sequenziali.
3. Organizzazione diretta dei file

6.4.1. Organizzazione sequenziale dei file

➤ Nell'organizzazione di file sequenziali i record vengono fisicamente archiviati in un ordine specifico in base a un campo chiave presente in ciascun record.

➤ Nell'organizzazione sequenziale dei file, i record vengono scritti e memorizzati

58

su un dispositivo di archiviazione secondario nella stessa sequenza in cui sono stati raccolti.

➢ È necessario che la sequenza e l'ordinamento dei dati siano effettuati prima della creazione del file, poiché l'ordinamento dei dati non può essere modificato durante l'elaborazione del file.

➢ Quando i record vengono modificati, l'intero file deve essere riorganizzato.

➢ Esempio Se si desidera recuperare il record 199 su 200, è necessario leggere prima i record da uno a 198.

| Record 1 | Record 2 | Record 3 | .... | Record 199 | Record 200 |

Figura: Organizzazione sequenziale dei file

➢ È adatto ad applicazioni di elaborazione in batch, come ad esempio il pay roll.

➢ Questo metodo è troppo lento per gestire applicazioni che richiedono aggiornamenti o risposte immediate.

6.4.2. Organizzazione diretta dei file

➢ L'organizzazione diretta dei file offre l'accesso diretto più rapido ai documenti.

➢ Quando si utilizzano metodi di accesso diretto, i record non devono essere disposti in una sequenza particolare sui supporti di memorizzazione.

➢ Un unico è utilizzato per organizzare i file, che vengono convertiti direttamente in un indirizzo di memoria utilizzando una formula matematica chiamata algoritmo di hashing.

➢ Ad esempio, il disco magnetico è ideale e molte applicazioni oggi utilizzano una forma di organizzazione diretta dei file. Per recuperare rapidamente un singolo record, il computer passa direttamente al record 199 e l'algoritmo di hashing identifica l'indirizzo della memoria secondaria.

| Record 199 to be located | Unique key | Hashing algorithm | Record 112 | Record 199 ...... | |

Figura: Organizzazione diretta dei file

6.4.3. Organizzazione dei file indicizzati-sequenziali

➢ In questo metodo i dati vengono memorizzati in sequenza (metodo sequenziale), ma viene creato un indice che mostra l'indirizzo di memoria di ciascun dato.

➢ L'indice di un file mostra l'indirizzo di memoria o la posizione fisica di ciascun dato, rendendo più semplice e rapido l'accesso ai dati.

> In questo caso il computer passa direttamente al record 199. Fa riferimento a un indice per individuare l'indirizzo di memoria del record 199 e lo recupera da

quell'indirizzo.

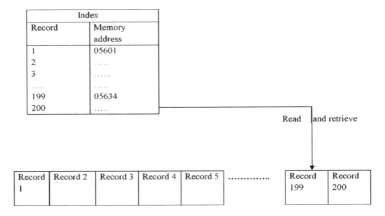

Figura: Organizzazione dei file sequenziali indicizzati

6.5. LIMITI DEI SISTEMI BASATI SU FILE

> I dati sono stati archiviati ed elaborati utilizzando sistemi di elaborazione dei file.

> Ogni file è indipendente dagli altri e i dati contenuti in file diversi possono essere integrati solo scrivendo un programma individuale per ogni applicazione.

> I dati sono organizzati in modo tale che qualsiasi modifica ai dati richiede la modifica di tutti i programmi che li utilizzano.

> Questo perché ogni file è "hard-coded" con informazioni specifiche come il tipo di dati, la lunghezza dei dati e così via.

> Spesso è persino difficile identificare tutti i programmi che utilizzano tali dati. Pertanto, spesso si procede per tentativi.

I principali svantaggi del sistema basato su file sono
> Ridondanza dei dati
> Integrità dei dati
> Disponibilità dei dati
> Controllo di gestione

6.6. DATABASE E SISTEMI DI GESTIONE DI DATABASE

Database:

È una raccolta integrata di dati logicamente organizzati per gestire un'organizzazione. Esclude i dati transitori come i documenti di input, i rapporti e i risultati intermedi ottenuti durante l'elaborazione. Un database modella le risorse di dati di un'organizzazione utilizzando le relazioni tra i diversi elementi di dati. I

60

sistemi di database richiedono l'uso di dispositivi di archiviazione ad accesso diretto.

Sistemi di gestione di database (DBMS)

Un sistema di gestione di database (DBMS) è un insieme di programmi che consente di memorizzare, modificare ed estrarre informazioni da un database. Esistono diversi tipi di DBMS, da quelli piccoli che girano sui personal computer a quelli enormi che girano sui mainframe. Il DBMS funge da interfaccia tra il programma applicativo e i dati del database. Di seguito sono riportati alcuni esempi di applicazioni di database:

☐ Sistemi bibliotecari computerizzati
☐ Macchine automatiche
☐ Sistemi di prenotazione dei voli
☐ Sistemi computerizzati per l'inventario dei ricambi

6.6.1. Vantaggi del database

➤ Ridondanza del controllo
➤ Mettere in relazione gli elementi di dati
➤ Integrazione dei dati
➤ Prestazioni del database
➤ Sicurezza dei dati
➤ Controlli di gestione

6.6.2. Svantaggio

➤ Richiede un notevole dispendio di risorse.
➤ L'hardware del mainframe è costoso e, sebbene oggi esistano numerosi database basati su PC, più copie del software, insieme alla formazione, possono diventare una proposta costosa.

6.6.3. Gestione dei dati

Le attività di gestione dei dati comprendono:

• **Integrità dei dati:** I dati necessari vengono raccolti e registrati su un modulo chiamato documento di origine che serve da input al sistema. Ad esempio, i dati che descrivono una vendita vengono inseriti in un modulo di ordine di vendita.

• **Integrità e verifica:** I dati vengono esaminati per garantirne la coerenza e l'accuratezza in base ai vincoli e alle regole prescritte.

• **Memorizzazione:** I dati vengono memorizzati su un supporto come un nastro magnetico o un disco magnetico.

• **Manutenzione:** Vengono aggiunti nuovi dati, modificati quelli esistenti e cancellati quelli non più necessari per mantenere aggiornata la risorsa dati.

• **Sicurezza:** I dati sono salvaguardati per evitare la distruzione, il danneggiamento o l'uso improprio.

- **Organizzazione:** I dati sono organizzati in modo da soddisfare le esigenze informative degli utenti.
- **Recupero:** I dati vengono messi a disposizione degli utenti.

6.6.4. Differenze tra database e file tradizionali

- Si capisce perché in un ambiente di elaborazione di file è necessario specificare la posizione dei dati, mentre un database li recupera automaticamente. La ragione principale di questa differenza è che nei DBMS le viste logiche e fisiche dei dati sono separate, mentre in un ambiente di elaborazione file le viste logiche e fisiche dei dati sono saldamente intrecciate.

- La vista **logica** dei dati presenta la relazione logica tra i diversi elementi dei dati in un database, mentre la vista fisica mostra come i dati sono fisicamente memorizzati nel supporto di memorizzazione. Il personale manageriale si occupa solo della relazione logica tra i dati.

- **Lo schema di** una **base dati è** una descrizione logica di ciascun dato e della sua relazione con gli altri elementi. Non identifica il valore effettivo dei dati. Ad esempio, lo schema del database potrebbe includere file dei dipendenti come la pensione, l'assicurazione sanitaria o i risultati dei test di assunzione.

- Un **sottoschema** è un sottoinsieme dei campi e dei record di uno schema. I sottoschemi forniscono una visione orientata all'utente della base dati. Quando l'utente definisce gli schemi e i sottoschemi, questi vengono generati automaticamente dal DBMS. Gli schemi e i sotto-schemi aumentano l'efficienza del database e sono più facili da usare rispetto ai file tradizionali.

6.6.5. Componenti di un DBMS

Esistono componenti principali. Questi sono
- Sistema di dizionari di dati (DDS)
- Linguaggio di definizione dei dati (DDL)
- Linguaggio di manipolazione dei dati (DML)

- **SISTEMA DI DIZIONARI DEI DATI (DDS)**
  Un dizionario dei dati è un file o un insieme di file che contiene i metadati di un database. Il dizionario dei dati contiene informazioni sugli altri oggetti del database, come la proprietà dei dati, le relazioni con altri oggetti e altri dati. Il

62

dizionario dei dati è un componente fondamentale di qualsiasi database relazionale. A causa della sua importanza, è invisibile alla maggior parte degli utenti del database. In genere, solo gli amministratori del database interagiscono con il dizionario dei dati.

- **LINGUAGGIO DI DEFINIZIONE DEI DATI (DDL)**

  Il Data Definition Language (DDL) viene utilizzato per creare e distruggere database e oggetti di database. Questi comandi vengono utilizzati principalmente dagli amministratori di database durante le fasi di configurazione e rimozione di un progetto di database. Il Data Definition Language (DDL) è uno standard per i comandi che definiscono le diverse strutture di un database. Le istruzioni DDL creano, modificano e rimuovono oggetti di database come tabelle, indici e utenti. Le istruzioni DDL più comuni sono CREATE, ALTER e DROP.

- **Linguaggio di manipolazione dei dati (DML)**

  Il linguaggio di manipolazione dei dati (DML) viene utilizzato per recuperare, inserire e modificare le informazioni del database. Questi comandi vengono utilizzati da tutti gli utenti del database durante le operazioni di routine. Il linguaggio di manipolazione dei dati (DML) viene utilizzato per recuperare, inserire e modificare le informazioni del database. Questi comandi vengono utilizzati da tutti gli utenti del database durante le operazioni di routine.

- **LINGUAGGIO DI INTERROGAZIONE DELLA STRUTTURA**

  Il linguaggio SQL (Structured Query Language) è un linguaggio informatico standard per la gestione dei database relazionali e la manipolazione dei dati. L'SQL viene utilizzato per interrogare, inserire, aggiornare e modificare i dati. La maggior parte dei database relazionali supporta l'SQL, il che rappresenta un ulteriore vantaggio per gli amministratori di database (DBA), che spesso devono gestire database su diverse piattaforme.

  Sviluppato per la prima volta all'inizio degli anni '70 presso IBM da Raymond Boyce e Donald Chamberlin, SQL è stato commercializzato da Relational Software Inc. (ora conosciuta come Oracle Corporation) nel 1979. L'attuale versione standard di SQL è volontaria, conforme ai fornitori e monitorata dall'American National Standards Institute (ANSI). La maggior parte dei principali fornitori ha anche versioni proprietarie che sono incorporate e costruite su ANSI SQL, ad esempio SQL*Plus (Oracle) e Transact-SQL (T-SQL) (Microsoft).

6.6.6. Modelli di database

Un modello di database è il metodo di organizzazione dei dati e rappresenta le relazioni logiche tra gli elementi dei dati nel database. I modelli di database più

63

diffusi sono i modelli gerarchici, i modelli di rete e i modelli relazionali.

❖ **Modello gerarchico**

■ Il modello di dati gerarchico organizza i dati in una struttura ad albero. Esiste una gerarchia di segmenti di dati padre e figlio.

■ Questa struttura implica che un record può avere informazioni ripetute, generalmente nei segmenti di dati figlio.

■ Dati contenuti in una serie di record, a cui è associata una serie di valori di campo.

■ Raccoglie tutte le istanze di un record specifico come tipo di record. Questi tipi di record sono l'equivalente delle tabelle nel modello relazionale e i singoli record sono l'equivalente delle righe.

■ Per creare collegamenti tra questi tipi di record, il modello gerarchico utilizza le relazioni genitore-figlio.

■ Si tratta di una mappatura 1:N tra i tipi di record. Questo viene fatto utilizzando degli alberi.

■ Ad esempio, un'organizzazione potrebbe memorizzare informazioni su un dipendente, come nome, numero di matricola, reparto e stipendio.

■ L'organizzazione potrebbe anche memorizzare informazioni sui figli di un dipendente, come il nome e la data di nascita. I dati dei dipendenti e dei figli formano una gerarchia, in cui i dati dei dipendenti rappresentano il segmento dei genitori e i dati dei figli rappresentano il segmento dei figli.

■ Se un dipendente ha tre figli, ci saranno tre segmenti figli associati a un segmento dipendente. In un database gerarchico la relazione genitore-figlio è uno a molti. Questo limita un segmento figlio ad avere un solo segmento genitore.

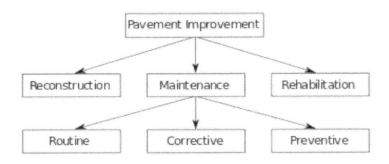

Figura: Modello gerarchico

64

Modello di rete

- La popolarità del modello di dati di rete ha coinciso con la popolarità del modello di dati gerarchico. Alcuni dati sono stati modellati in modo più naturale con più di un genitore per ogni figlio.
- Quindi, il modello di rete ha permesso di modellare le relazioni molti-a-molti nei dati.
- Nel 1971, la Conferenza sui linguaggi dei sistemi di dati (CODASYL) ha definito formalmente il modello di rete.
- Il costrutto di base per la modellazione dei dati nel modello di rete è il costrutto di insieme.
- Un set è composto da un tipo di record proprietario, un nome di set e un tipo di record membro.
- Un tipo di record membro può avere questo ruolo in più di un insieme; per questo è supportato il concetto di multigenitorialità.
- Un tipo di record proprietario può anche essere un membro o un proprietario di un altro set.
- Il modello di dati è una rete semplice e possono esistere tipi di record di collegamento e di intersezione (chiamati record di giunzione dall'IDMS), nonché insiemi tra di essi.
- Pertanto, la rete completa di relazioni è rappresentata da diversi insiemi di coppie; in ogni insieme un tipo di record è proprietario (in coda alla freccia della rete) e uno o più tipi di record sono membri (in testa alla freccia della relazione).
- In genere, un insieme definisce una relazione 1: M, anche se è consentito 1:1.

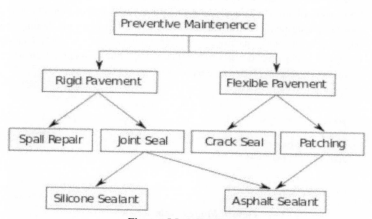

Figura: Modello di rete

Modello relazionale

■ Un database basato sul modello relazionale sviluppato da E.F. Codd. Un database relazionale consente di definire strutture di dati, operazioni di memorizzazione e recupero e vincoli di integrità.

■ In un database di questo tipo i dati e le relazioni tra di essi sono organizzati in tabelle.

■ Una tabella è una raccolta di record e ogni record di una tabella contiene gli stessi campi.

■ Proprietà delle tabelle relazionali:
  □ I valori sono atomici.
  □ Ogni riga è unica.
  □ I valori delle colonne sono dello stesso tipo.
  □ La sequenza delle colonne è insignificante.
  □ La sequenza delle righe è insignificante
  □ Ogni colonna ha un nome univoco

■ Alcuni campi possono essere designati come chiavi, il che significa che le ricerche di valori specifici di quel campo saranno velocizzate dall'indicizzazione.

■ Quando i campi di due tabelle diverse assumono valori dallo stesso insieme, è possibile eseguire un'operazione di join per selezionare record correlati nelle due tabelle facendo corrispondere i valori di tali campi. Ma non sempre i campi hanno lo stesso nome in entrambe le tabelle.

■ Ad esempio, una tabella "ordini" potrebbe contenere coppie (ID cliente, codice prodotto) e una tabella "prodotti" potrebbe contenere coppie (codice prodotto, prezzo); per calcolare la fattura di un determinato cliente si sommano i prezzi di tutti i prodotti ordinati da quel cliente, unendo i campi codice prodotto delle due tabelle. Questo può essere esteso all'unione di più tabelle su più campi. Poiché queste relazioni sono specificate solo al momento del recupero, i database relazionali sono classificati come sistemi di gestione di database dinamici. Il modello di database relazionale è basato sull'algebra relazionale

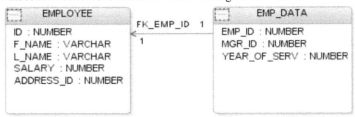

Figura: Modello relazionale

66

6.7. STRUTTURA DEL DATABASE ORIENTATA AGLI OGGETTI

➤ Si tratta di una tecnologia importante per una nuova generazione di applicazioni multimediali basate sul web.

➤ Un oggetto consiste in valori di dati che descrivono gli attributi di un'entità e le operazioni che possono essere eseguite sui dati.

➤ Questa capacità di incapsulamento consente al modello orientato agli oggetti di gestire tipi di dati più complessi (grafici, immagini, voce e testo) rispetto ad altre strutture di base dati.

➤ Di seguito è riportato un esempio di oggetto da parte del cliente e della banca:

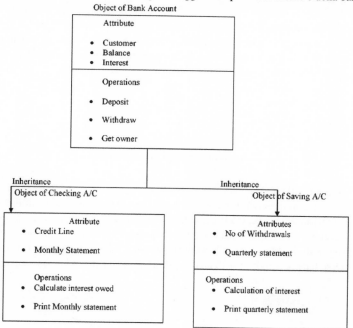

6.8. DIAGRAMMA ERD

Un diagramma entità-relazione (ER) è una rappresentazione grafica delle entità e delle loro relazioni reciproche. Viene utilizzato in informatica per l'organizzazione dei dati all'interno di database o sistemi informativi. L'ERD utilizza tre caratteristiche per descrivere i dati: Entità, Relazioni e Attributi. Un'entità è un pezzo di dati, un oggetto o un concetto su cui sono memorizzati i dati. Una relazione è il modo in cui i dati sono condivisi tra le entità. Un attributo è un dato che descrive un'entità. Esistono tre tipi di relazioni tra entità:

67

1. Uno a uno (1-1)

> Un'istanza di un'entità A è associata a un'altra istanza di un'altra entità B. Ad esempio, in un database di dipendenti, ogni nome di dipendente A è associato a un solo numero di previdenza sociale B.

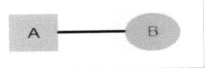

2. Uno a molti (1-M)

> Un'istanza di un'entità A è associata a zero, una o molte istanze di un'altra entità B, ma per un'istanza dell'entità B esiste solo un'istanza dell'entità A.

> Ad esempio, per un'azienda con tutti i dipendenti che lavorano in un edificio, il nome dell'edificio A è associato a molti dipendenti B diversi, ma questi dipendenti condividono tutti la stessa associazione singolare con l'entità A.

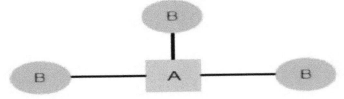

3. Da molti a molti (M-M)

> Un'istanza di un'entità A è associata a una, zero o molte istanze di un'altra entità B e un'istanza di un'entità B è associata a una, zero o molte istanze di un'entità A.

> Ad esempio, per un'azienda in cui tutti i dipendenti lavorano su più progetti, ogni istanza di un dipendente A è associata a molte istanze di un progetto B e, allo stesso tempo, ogni istanza di un progetto B ha più dipendenti A associati ad essa.

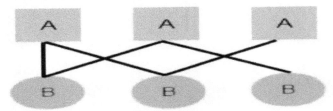

Name	Symbols	Meaning
Rectangle		Representing Entity set
Oval		Representing attributes
Diamond		Relationship
Line		Links attributes and entity set

6.9. LINGUAGGIO DI PROGRAMMAZIONE DI QUARTA GENERAZIONE

> Un **linguaggio di programmazione di quarta generazione** (4GL) è un linguaggio di programmazione per computer
>> è stato concepito come un perfezionamento dello stile dei linguaggi classificati come linguaggi di programmazione di terza generazione (3GL).

> Ciascuna delle generazioni di linguaggi di programmazione mira a fornire un livello di astrazione più elevato.
>> dei dettagli dell'hardware interno del computer, rendendo il linguaggio più facile da programmare, potente e versatile.

> Sebbene la definizione di 4GL sia cambiata nel corso del tempo, essa può essere caratterizzata dal fatto di operare più con
>> grandi collezioni di informazioni in una sola volta, invece di concentrarsi solo su bit e byte.

> I linguaggi che si dichiarano 4GL possono includere il supporto per la gestione di database, report
>> generazione, ottimizzazione matematica, sviluppo di GUI o sviluppo web.

> I linguaggi di quarta generazione sono stati spesso paragonati ai linguaggi specifici di un dominio.

6.10 SVILUPPI RECENTI NELLE BANCHE DATI

6.10.1 Database distribuiti

> Un database distribuito si trova su hardware di computer di uno o più fornitori situati in aree geografiche diverse.
> Esempi sono. Rete di transazioni bancarie/credito, rete di biblioteche e rete di uffici aziendali in tutto il Paese.
> I database distribuiti sono diventati popolari negli ultimi anni grazie a due

applicazioni principali, come le buste paga, i dati del personale, i benefici per i dipendenti e così via.

6.10.2 Architettura client-server

➢ Con l'architettura client-server un utente di rete può avviare diversi processi client in molte finestre tra molti server, che possono essere hardware e software eterogenei in esecuzione su macchine geograficamente disperse.

6.10.3 Database orientati agli oggetti.

➢ La metodologia di programmazione orientata agli oggetti (OOP) utilizza i principi di occultamento delle informazioni per garantire che i dati vengano elaborati solo dai programmi corretti e in modo corretto.

➢ Utilizzando anche un concetto noto come polimorfismo, la metodologia OOP permette di avere viste multiple dei dati in modo significativamente migliore rispetto al meccanismo di vista dei sistemi relazionali.

6.10.4 Database multimediali

➢ I database che gestiscono oggetti di dati complessi, come immagini scannerizzate, immagini audio e video, sono noti come database multimediali. È in corso di realizzazione una nuova generazione di database che ospitano il multimediale.

6.11. PRINCIPIO DELLA GESTIONE DEI DATABASE

➢ La tecnologia dei database deve essere allineata alla strategia aziendale.

➢ Deve essere facile accedere ed elaborare i dati che risiedono in diversi database.

➢ Le risorse di dati sono fondamentali per un'organizzazione e devono essere pienamente utilizzate e protette.

➢ Il controllo e la sicurezza sono questioni importanti nei database, in particolare in quelli distribuiti.

➢ Gli strumenti di database devono essere selezionati con cura. A tal fine è necessario prendere in considerazione i seguenti punti

  ✓ Comprendere le risorse necessarie
  ✓ Comprendere le utilità del database
  ✓ Comprendere l'ottimizzazione di SQL
  ✓ Comprendere i problemi di connettività

6.12. L'AMMINISTRATORE DEL DATABASE

➢ L'amministratore del database è uno specialista che ha la responsabilità del database.

➢ I compiti del DBA sono la pianificazione, l'implementazione, il funzionamento e la sicurezza.

➢ Le responsabilità di un DBA sono

✓   Aiuta un'organizzazione a decidere quale reparto sarà responsabile della manutenzione e degli aggiornamenti di ciascun campo dati di un database.

✓   Assicura l'accesso alle informazioni del database a tutti i reparti che ne hanno bisogno.

✓   Protegge i database o parti di essi dall'uso non autorizzato.

✓   Protegge i database da danni fisici supervisionando la creazione di copie di backup e stabilendo procedure di fallback.

✓   Coordina il lavoro delle persone che modificano i file, cambiano le politiche e migliorano i database.

Milton Keynes UK
Ingram Content Group UK Ltd.
UKHW010712280324
440307UK00001B/88